21 世纪高等学校
经济管理类规划教材
高校系列

U0674978

EXCEL COMPUTERIZED
ACCOUNTING

Excel
会计信息化

刘曜 编著

ECONOMICS
AND
MANAGEMENT

人 民 邮 电 出 版 社
北 京

图书在版编目（CIP）数据

Excel会计信息化 / 刘曜编著. -- 北京：人民邮电
出版社，2012.7 （2019.9重印）
21世纪高等学校经济管理类规划教材
ISBN 978-7-115-27920-0

Ⅰ. ①E… Ⅱ. ①刘… Ⅲ. ①表处理软件－应用－会
计－高等职业教育－教材 Ⅳ. ①F232

中国版本图书馆CIP数据核字(2012)第078355号

内 容 提 要

本书结合大量实用案例，介绍了使用Excel软件设计会计信息系统的基本方法和关键技术。

书中的案例是针对实际工作中会计数据管理问题提出的解决方案，突出了"基于计算机环境来考虑如何管理会计数据"的特点，一些关键技术反映了作者在Excel会计信息系统设计中的经验。

全书致力于学以致用，示例丰富，通俗易懂，每章开头提出了要点，章末附有练习题。本书既可作为大学、中专、职校及培训机构"会计信息化"课程的教材，也可供职场办公人员，尤其是财会人员学习并使用。

21世纪高等学校经济管理类规划教材
Excel 会计信息化

- ◆ 编　著　刘　曜
　　责任编辑　刘　博
- ◆ 人民邮电出版社出版发行　　北京市丰台区成寿寺路11号
　　邮编　100164　　电子邮件　315@ptpress.com.cn
　　网址　http://www.ptpress.com.cn
　　涿州市京南印刷厂印刷
- ◆ 开本：787×1092　1/16
　　印张：10.75　　　　　　2012年7月第1版
　　字数：259千字　　　　 2019年9月河北第4次印刷

ISBN 978-7-115-27920-0

定价：25.00 元

读者服务热线：(010)81055256　印装质量热线：(010)81055316
反盗版热线：(010)81055315

前　言

本书主要写给使用 Excel 软件管理会计数据的读者。

本书具有以下特点。

（1）基于计算机环境来考虑如何管理会计数据。长期以来，会计数据的管理工作是在手工环境下进行的，现行会计数据管理的方法也大都产生于手工环境。然而，计算机的出现对数据管理形成了巨大的冲击，会计数据的管理也不例外。计算机技术的应用对会计数据的管理产生了深刻的影响。令人遗憾的是，受传统工作方式的影响，至今在大量的日常会计数据管理中仍未摆脱手工管理的模式，即使在使用计算机时，也是将手工操作搬到计算机上进行而已，不是真正基于计算机环境来考虑如何管理会计数据，这样必然影响会计数据的管理效率。本书在内容上围绕基于计算机环境解决会计数据管理的实际问题展开（如解决工业企业成本核算分步法的成本还原问题），注意分析手工环境和计算机环境下会计数据管理的区别，以期在管理会计数据时能从思想方法上充分利用计算机技术提高管理效率。

（2）应用 VBA（Visual Basic For Application）语言扩展 Excel 功能提高自动化程度。在实际工作中很多人应用 Excel 来管理会计数据，如进行工资的管理，但并未应用 VBA。事实上，这种方式自动化程度不高，难以真正做到"基于计算机环境来考虑如何管理会计数据"，远未体现计算机技术在数据管理上的魅力，在相当程度上是一种手工方式在计算机上的操作。本书应用 VBA 扩展 Excel 功能，以提高数据的自动化管理程度。书中设计的工资管理系统，除了一些基本数据（如姓名、职务）输入之外，其他都可以交给计算机，数据处理的自动化程度就比较高。

（3）书中介绍的关键技术反映了作者在 Excel 会计信息系统设计中的经验。本书不是一般性地介绍 VBA，而是结合大量的实例重点介绍了 Excel 会计信息系统设计中的一些关键技术。这些关键技术是我们长期研究 Excel 会计信息系统设计经验性的东西，对学习及应用 VBA 设计会计信息系统具有实际的参考价值。

（4）以会计人员设计 Excel 会计信息系统为出发点。由于会计人员最清楚会计数据的管理目标，因此，本书着眼于由用户（不一定是专业的计算机系统设计人员）自己设计。本书以实例引入问题，示例丰富，浅显易懂，实用性强，可以学以致用。对一些较难的计算机应用技术问题，本书从多角度举例，由浅入深地分析比较。即使读者是初步掌握计算机基础知识的会计人员，也可以按书中介绍的方法，设计实用的 Excel 会计信息系统。

本书结构主要分成两部分。第 1～6 章介绍 Excel 在信息管理上的特点以及 VBA 应用的一些基本知识和关键技术；第 7～16 章介绍应用案例。

我们虽以 Excel 会计信息系统的设计为例，但书中所介绍的设计思想方法和关键技术对使用 Excel 软件管理数据的人员也有参考价值。

我们希望本书能给读者以切实的帮助，使您的数据管理工作变得更加"快乐而高效"！

书中示例在 Excel 2003 中完成，读者可从人民邮电出版社教学服务与资源网（www.ptpedu.com.cn）下载本书相关示例文件和电子课件，以方便学习和应用。

　　在本书的编写过程中，得到了重庆邮电大学刘达明、刘跃、杜茂康等老师的热情帮助，在此表示衷心的感谢。

编　者

2012 年 4 月

目　　录

第1章 Excel 与会计信息系统

本章要点：

- Excel 数据存放方式；
- Excel 怎样反映数据之间的关系；
- Excel 宏；
- 在 Excel 上建立会计信息系统的意义。

Excel 是美国微软公司开发的 **Office** 系列软件中的电子表格软件。由于其特有的数据存放方式、数据结构关系和丰富的数据处理功能，以及内置的 **VBA**（Visual Basic For Applications）语言，尤其是可以通过"记录"的方式将其功能转化为 VBA 代码的优点，使得在 Excel 上建立信息系统来管理信息，即使对非计算机专业人员而言也显得十分容易且设计的信息系统功能很强。本章初步介绍了与信息系统设计相关的 Excel 这方面的特点，以及会计信息系统的概念。

1.1 Excel 数据存放方式

当双击桌面上的 Excel 图标打开 Excel 时，Excel 新建立一个工作簿（或称文件），并自动命名为 Book1。Excel 的工作簿由众多的工作表组成，实际上就是一个"表册"，所以以屏幕显现的是一张自动命名为 Sheet1 的工作表。在工作表的左上角、下方可以看到工作簿名称 Book1 和当前工作表的标签 Sheet1，如图 1-1 所示。

Excel 的工作表被网格线分割成一个个的小方格，小方格的位置由工作表的横坐标（工作表上方的英文字母 A、B、C…）和纵坐标（工作表左方的阿拉伯数字 1、2、3…）确定，我们将小方格称为单元格，Excel 的数据就存放在单元格

图 1-1　Excel 工作表

中。因此，要确定 Excel 数据的位置，只需确定单元格的位置。而单元格的位置是由坐标来确定的，这样，我们就可以通过确定坐标的方式简便、直观地确定数据位置。

在工作表的右方和下方设置有工作表上下或左右移动的滚动条，利用它们可以很方便地找到坐标位置。

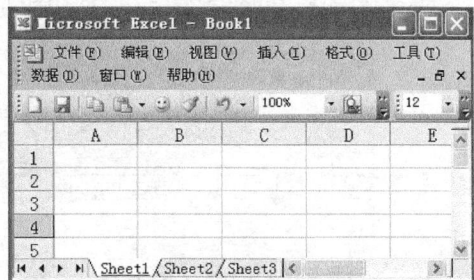

下面举一个例子来说明如何在 Excel 中输入数据。

如在 Book1 工作簿的 Sheet1 工作表的由横坐标 C 和纵坐标 5（简记为 C5）确定的单元格中用键盘输入数据"会计信息"，其操作步骤如下。

（1）选定 Book1 工作簿的 Sheet1 工作表的 C5 单元格，如图 1-2 所示。

（2）用键盘输入"会计信息"，如图 1-3 所示。

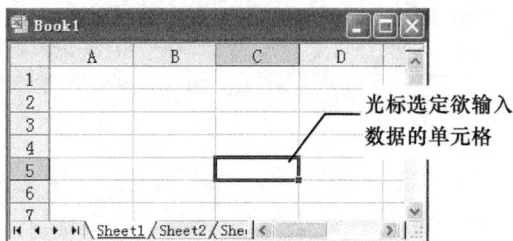

图 1-2　选定单元格

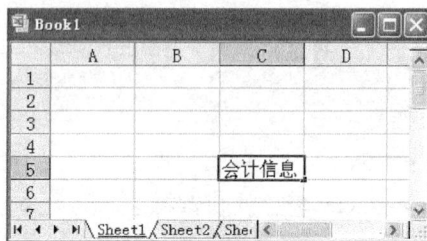

图 1-3　在单元格中输入数据

1.2　Excel 数据关系

我们已经知道 Excel 的数据存放在工作表的单元格中，那么其数据之间的关系又是怎样反映的呢？

Excel 可以通过公式、函数和图形的方式方便、直观、生动地反映数据之间的关系。

1. 用公的式反映数据关系

我们从下面的一个例子看到 Excel 利用公式可以很方便地反映数据之间的关系。

【例 1.1】　假定在 B4、C4 单元格存有数据 1 和 2（或说 B4、C4 单元格值为 1 和 2），欲在 D4 单元格反映 B4、C4 单元格值之和，只需在 D4 中输入公式"=B4+C4"（Excel 公式以等号开始）即可，如图 1-4 所示。

输入公式按 Enter 键后，在 D4 中即显现 B4 与 C4 单元格值之和，如图 1-5 所示。

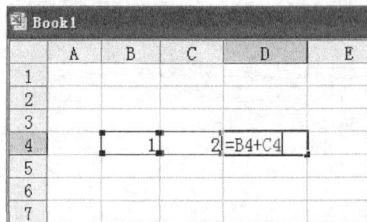

图 1-4　输入公式反映数据关系

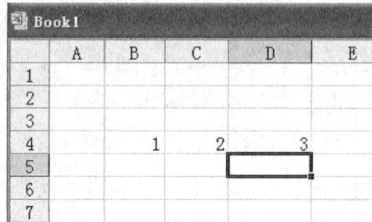

图 1-5　D4 反映 B4、C4 值之和的关系

应当指出的一点是，D4 中公式"=B4+C4"所反映的 B4 和 C4 单元格值之和的关系是一种动态关系（Excel 数据之间的关系都是一种动态关系），当 B4 或 C4 单元格值发生变动时，D4 单元格值相应变动为 B4 和 C4 新单元格值之和。也就是说，当原始数据发生变化时，与之相关联的所有数据会被立即自动刷新。

2. 用函数反映数据关系

Excel 可以用函数反映数据之间的关系。

下面仍用一个例子来说明。

【例 1.2】 假定 B1、B2、B3、B4、B5 和 B6 单元格值分别为 1、2、3、4、5 和 6，欲在 D4 单元格反映 B1：B6（B1：B6 表示 B1 到 B6 连续的所有单元格）各单元格值之和。在 D4 中输入 Excel 内置的求和函数 SUM（Excel 的内置函数是 Excel 所设具有特定功能的函数），并指明求和范围 B1：B6，如图 1-6 所示。

输入函数按 Enter 键后，在 D4 中即显现 B1：B6 单元格值之和，如图 1-7 所示。

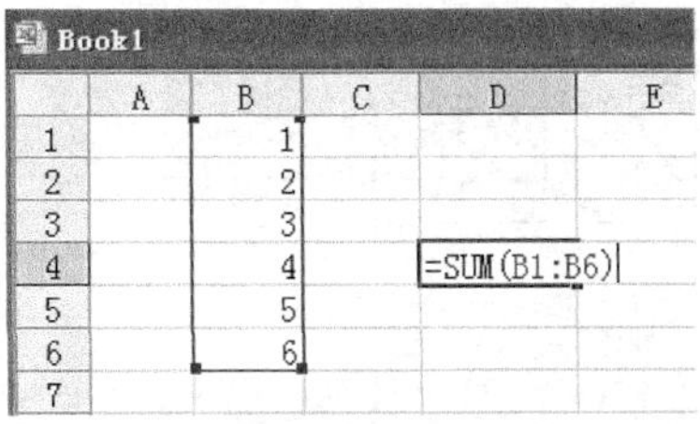

	A	B	C	D	E
1		1			
2		2			
3		3			
4		4		=SUM(B1:B6)	
5		5			
6		6			
7					

图 1-6 用函数反映数据关系

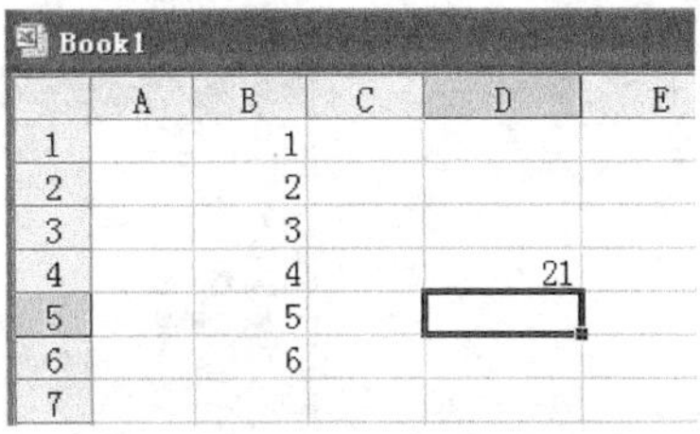

	A	B	C	D	E
1		1			
2		2			
3		3			
4		4		21	
5		5			
6		6			
7					

图 1-7 D4 反映 B1：B6 值之和的关系

当然，这里也可以用类似例 1.1 的公式在 D4 中反映 B1：B6 值之和的关系，只需在 D4 中输入公式"=B1+B2+B3+B4+B5+B6"即可，但利用函数 SUM 更为简捷。

严格地讲，函数方式也是 Excel 的一种公式形式，为了突出函数反映数据关系的特点，我们将它单列出来。

Excel 内置了数学、财务、统计、数据库等非常丰富的函数，利用它们可以将一些复杂的数据处理过程变得十分简单。只要输入原始数据，这些函数就会按其意义直接得出结果，如刚才讲到的求和函数 SUM。

3. 用图形反映数据关系

Excel 可以通过人机对话方式用图形反映数据关系。

Excel 的图形功能操作便捷，丰富多彩，可以形象生动地产生所需要的图形，下面举例说明。

【例 1.3】 假定某企业 20××年各月销售收入情况如图 1-8 所示，要用图形反映各月销售收入之间的关系，操作步骤如下。

（1）选中 B1：C13，如图 1-9 所示。

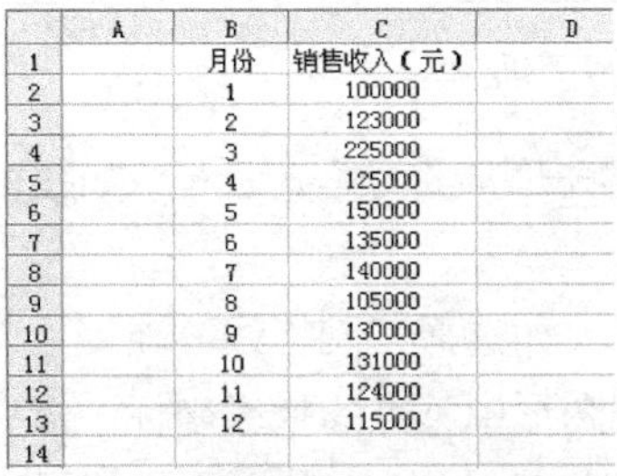

	A	B	C	D
1		月份	销售收入（元）	
2		1	100000	
3		2	123000	
4		3	225000	
5		4	125000	
6		5	150000	
7		6	135000	
8		7	140000	
9		8	105000	
10		9	130000	
11		10	131000	
12		11	124000	
13		12	115000	
14				

图 1-8 某企业各月销售收入数据

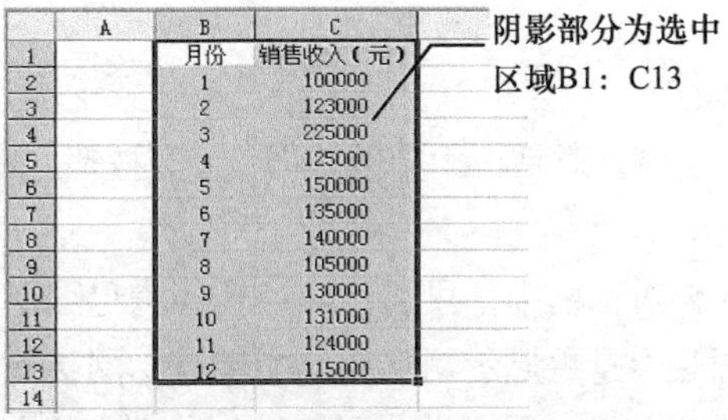

	A	B	C
1		月份	销售收入（元）
2		1	100000
3		2	123000
4		3	225000
5		4	125000
6		5	150000
7		6	135000
8		7	140000
9		8	105000
10		9	130000
11		10	131000
12		11	124000
13		12	115000
14			

图 1-9 选中 B1：C13

（2）单击工具栏中的"图表向导"图标（如图 1-10 所示），即弹出"图表向导—图表类型"对话框。先在对话框左方"标准类型"选项卡的"图表类型"栏中选择"折线图"项，再在右方"子图表类型"栏中选择阴影所示的图形，如图 1-11 所示。

"图表向导"图标

图 1-10　工具栏

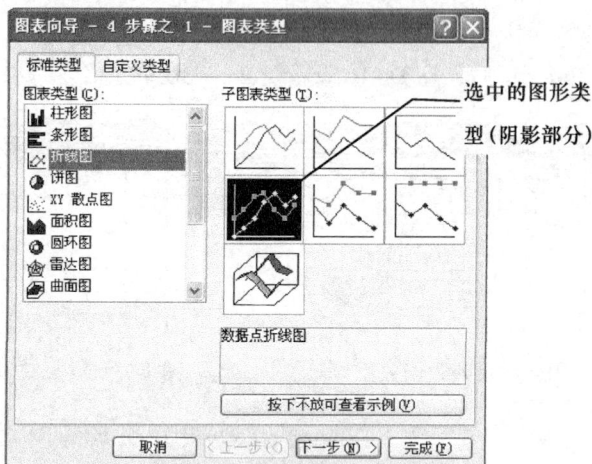

选中的图形类型（阴影部分）

图 1-11　"图表向导—图表类型"对话框

（3）单击对话框下方的"下一步"按钮，弹出"图表向导—图表源数据"对话框。由于在步骤（1）中已选定图表源数据，所以在该对话框的"数据区域"栏自动生成源数据标识"=Sheet1！$B$1：$C$13"。在"系列产生在"选项区中选择"列"，如图 1-12 所示。

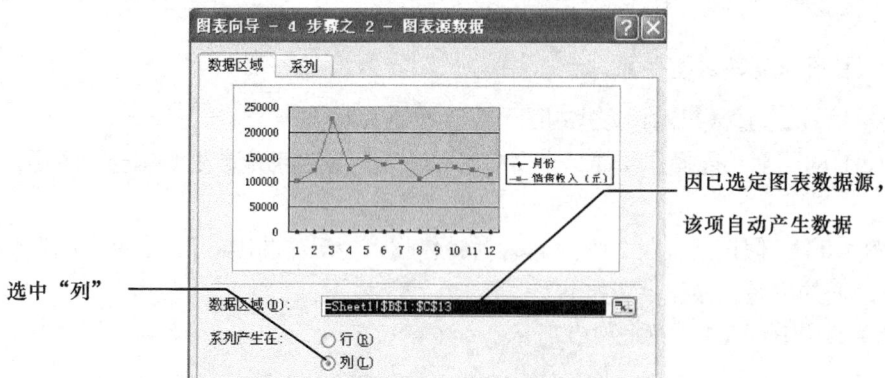

因已选定图表数据源，该项自动产生数据

选中"列"

图 1-12　"图表向导—图表数据源"对话框

（4）单击对话框下方的"下一步"按钮，弹出"图表向导—图表选项"对话框，如图 1-13 所示。

在该对话框中，可通过项目选择满足图形显示多种要求。如选择"网格线"项，可以决定在图表中是否显示网格线。如果显示网格线，则便于观察图形中某点的横纵坐标。但有时出于简洁考虑，需要隐藏网格线，示例中的图形就未显示网格线。Excel 的图形功能可以满足您使图形达到一种"尽善尽美"的愿望。

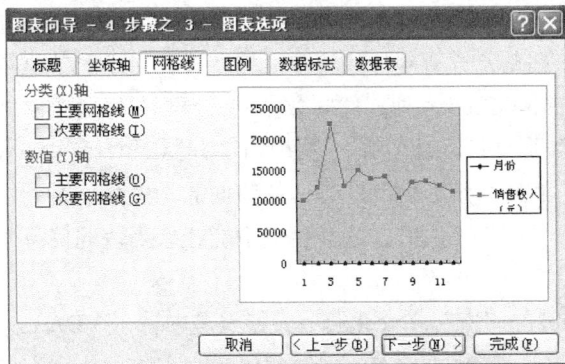

图 1-13　"图表向导—图表选项"对话框

（5）单击对话框下方的"下一步"按钮，弹出"图表向导—图表位置"对话框，如图 1-14
所示。

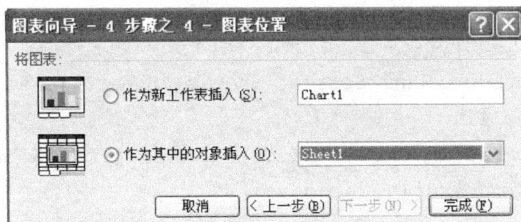

图 1-14　"图表向导—图表位置"对话框

在对话框中，可选择图表置放位置，示例中选择将图表嵌入工作表 Sheet1。

（6）单击对话框的下方"完成"按钮，最后得到如图 1-15 所示反映某企业销售收入关系
的图形。

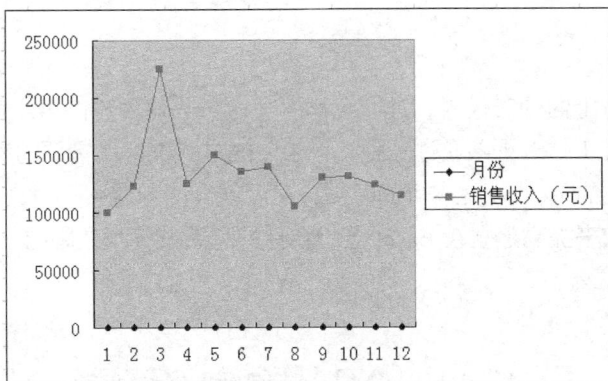

图 1-15　反映数据关系的图形示例

1.3　Excel 宏

通过前面的介绍，我们已经看到，Excel 的数据存放在单元格中，可以用坐标确定数据

的位置，而 Excel 的数据可以通过公式、函数等方式方便地建立相互之间的联系。此外，Excel 可以通过复制、剪切、粘贴方式直观地实现数据的转移；可以对数据进行排序、筛选、分类汇总；可以实现 Microsoft Office 系列软件间数据的共享；可以通过网络传递数据……正因为 Excel 数据关系明了，数据处理功能很强，这使我们容易想到，利用 Excel 来建立由数据以及数据之间的关系形成的信息系统。但问题是，从前面的示例我们看到，数据的输入以及建立数据之间的关系都是一步一步完成的，这样显然不能建立高效的信息系统。那么，能否自动化地完成一系列操作呢？

这就需要了解 Excel 的"宏"。Excel 的一大特点是内置了 VBA 语言，"宏"即是用 VBA 语言编写的程序。我们可以将代表操作的程序代码放在宏中，执行宏自动完成所有操作。例如 1.2 节例 1.3，其整个操作可以通过执行以下的宏自动完成：

```
Sub Macro1()
    Range("B1:C13").Select
    Charts.Add
    ActiveChart.ChartType = xlLineMarkers
    ActiveChart.SetSourceData Source:=Sheets("Sheet1").Range("B1:C13"), PlotBy _
        :=xlColumns
    ActiveChart.Location Where:=xlLocationAsObject, Name:="Sheet1"
    With ActiveChart.Axes(xlCategory)
        .HasMajorGridlines = False
        .HasMinorGridlines = False
    End With
    With ActiveChart.Axes(xlValue)
        .HasMajorGridlines = False
        .HasMinorGridlines = False
    End With
End Sub
```

读者可能不熟悉上面的宏代码，进而担心编写宏是一件困难的事。恰恰相反，Excel 宏代码直观易懂，并且 Excel 可以通过一种"记录"的方式编写所需要的宏代码（上面的宏代码就是"记录"形成的）。当读完本书的时候，读者就会深刻地感受到这一点。

我们正是利用宏来提高建立在 Excel 上的会计信息系统管理效率的。

1.4 会计信息系统

会计反映经济业务的方式是，首先对经济业务的内容进行分类，并将经济业务分类的标志称为会计科目（反映总括、明细指标的分别称为总账科目和明细科目）。当经济业务发生时，判断引起了哪一类的增减并进行记录。会计上这一工作是通过填制凭证来完成的，它是会计信息的入口。

表 1-1 是一张会计上记录经济业务发生的凭证格式。

表 1-1 凭证格式

记 账 凭 证

年   月   日   凭证编号：

摘 要	总账科目	明细科目	借方金额	贷方金额	
					附
					件
合 计					张

会计主管：   记账：   审核：   制单：

我们举一个例子来说明如何填制凭证，输入最初的会计信息。

假定某企业 20××年 6 月 3 日用现金购买甲材料 200 元，那么现金减少 200 元，而甲材料增加 200 元。会计记录为填制如表 1-2 所示的凭证（未考虑增值税）。

表 1-2 填制凭证示例

记 账 凭 证

20××年 6 月 3 日   凭证编号：

摘 要	总账科目	明细科目	借方金额	贷方金额	
购买材料	原材料	甲	200		
	库存现金			200	附
					件
合 计			200	200	张

会计主管：   记账：   审核：   制单：

会计记录经济业务是采用借贷记账方法，用借方和贷方（不妨理解为左方和右方）发生反映某项经济业务内容的增减。凭证中原材料的借方金额发生 200 元表示材料增加 200 元，而库存现金的贷方金额发生 200 元表示现金减少 200 元。

用凭证记录经济业务所提供的会计信息有一个缺陷，那就是分散。如现金变动，可能是购买材料减少现金，也可能是支付职工工资减少现金，还可能是销售货物增加现金，等等。并且，同样的业务还有可能重复。这些现金变动的会计信息分散在众多的凭证中，不便于连续、集中地了解现金变动的会计信息。为了解决这一问题，会计上建立以会计科目为名称的账户。表 1-3 是账户的一种基本格式。

表 1-3 账户格式

明细（或日记、总）账

会计科目：

年		凭证号	摘要	借方	贷方	借或贷	余额
月	日						

下面举一个例子让读者观察账户记录。

假定某企业20××年6月初库存现金5 000元。6月发生以下涉及现金的业务。

6月1日，用现金购买材料120元。

6月2日，用现金购买办公用品300元。

6月3日，用现金购买材料200元。

6月10日，销售货物收到现金1 000元。

6月25日，开出支票从银行提取现金12 000元以备发放职工工资。

6月25日，以现金支付职工工资12 000元。

那么，反映现金变动的现金日记账记录示例如表1-4所示。

表1-4 现金日记账记录示例

日 记 账

会计科目：库存现金

20××年		凭 证 号	摘 要	借 方	贷 方	借 或 贷	余 额
月	日						
6	1		期初余额			借	5 000
	1		购买材料		120	借	4 880
	2		购买办公用品		300	借	4 580
	3		购买材料		200	借	4 380
	10		销售货物	1 000		借	5 380
	25		提取现金	12 000		借	17 380
	25		支付职工工资		12 000	借	5 380
	30		合 计	13 000	12 620	借	5 380

从以上示例中可以看到，现金日记账可以连续、集中地反映现金变动业务，并且随时提供现金余额信息，在一定程度上弥补了凭证记录经济业务所提供会计信息的不足。

账户提供的会计信息应当讲是比较详尽而系统的了，但又有过细之嫌。在经济生活中要求简单、明了地提供人们关心的会计信息。对某一经济内容，如银行存款，人们可能只关心其期初、期末余额以及本期增加或减少总额，至于其他有关银行存款变动的业务细节并不在意。会计上通过会计报表提供概括的会计信息。

表1-5是一张会计报表中的利润表格式。

表1-5 利润表格式

利 润 表

年 月

项 目	本 月 数	本年累计数
一、营业收入		
减：营业成本		
营业税金及附加		
销售费用		
管理费用		
二、营业利润		
加：营业外收入		

项　　目	本　月　数	本年累计数
减：营业外支出		
三、利润总额		
减：所得税费用		
四、净利润		

利润表提供有关收入与费用账户当期发生额的总括指标，通过该表获取利润形成的会计信息。如设营业收入项本月数为 100 000 元，那么 100 000 元反映营业收入账户本月发生额合计，这里不需要提供每一笔营业收入发生的详细情况等会计信息。

通过以上简单的介绍，也许已经有了一个会计信息系统的基本概念。会计信息系统通过填制凭证输入原始的会计信息，最终通过报表输出经过处理（如汇总）的会计信息，而会计账簿能够提供某一经济内容变动的详细会计信息。凭证、账簿和报表有机地组合，构成了会计信息系统（这里描述的实际上是会计信息系统中反映会计核算信息的会计核算系统）。

1.5　在 Excel 上设计会计信息系统

下面介绍在 Excel 上设计会计信息系统管理会计信息的一般思路。

1. 建立一个专用文件

在 Excel 上设计会计信息系统，需为此设置一个专用文件，在该文件上建立会计信息系统。设置一个专用文件很简单，新建立一个 Excel 文件，将该文件按欲设计的系统（如"××系统"）命名即可。

设置完成一个 Excel 文件就准备了一个"表册"。在专用文件上建立会计信息系统就是要用这个表册来进行某方面会计信息的管理。建立专用文件后，就可以在该文件上进行系统的设计了，如在工作表上设计反映数据的各种表格格式，在模块表上编写程序，等等。

由于系统的设计是在 Excel 的一个文件上进行，因而实际上是在 Excel 上进行的第二次开发。这样，系统产生的数据成为 Excel 的一个文件数据，Excel 就可以直接对自身文件的数据进行各种处理，从而实现了系统功能与 Excel 功能的一种"嫁接"。

也正由于系统实际上就是 Excel 的一个文件，所以系统的安装和卸载可按 Excel 文件的复制和删除方式进行。

2. 在工作表上设计反映数据的表格或数据库格式

选定专用文件的一些工作表作为系统专用工作表，设计系统反映数据的各种表格，如"会计核算系统"中的记账凭证、账簿和报表，以及数据库格式。在 Excel 的工作表上设计格式，就像在一张空白表格纸张上设计一样，可以很直观地进行。Excel 对工作表上的格式设计提供了非常丰富的工具，可以以坐标的方式确定数据库中数据置放的位置从而建立数据之间的关系，可以进行丰富的文字样式、颜色设计，可以方便地调整行与列的宽度，可以灵活地确定数字数据的反映形式（如币值、保留小数），等等。

在格式设计中，还可以利用 Excel 内置的函数，如条件函数 IF、求和函数 SUM，甚至可以设置自定义函数来满足格式设计中的一些特殊要求。

3．用宏实现工作表数据的自动处理

在 Excel 上建立的会计信息系统，其高效的信息管理能力很大程度上归功于宏。在 Excel 上进行第二次开发的好处在于：一是在系统设计中大量的基础工作（如反映数据的表格或数据库格式）可以直接在 Excel 的工作表上直观轻松地进行，我们只需要借助宏完成关键性的任务，程序代码一般很简单；二是宏的一些关键代码可以通过"记录"的方式产生，减少了编写程序的困难。

4．利用 Excel 对话框函数实现人机对话

Excel 设有 MsgBox 和 InPutBox 两个对话框函数，利用它们可以灵活地实现人机对话。MsgBox 函数所形成的对话框可以实现系统运行中的提示、警告等，而 InPutBox 函数所提供的对话框可以以对话的方式向系统输入数据。如果有必要，还可以利用 Excel 的窗体设计自定义对话框。例如，很多时候在工作表上输入原始数据时，都希望可以以参照的方式输入。如在系统的一张专用工作表上列有某仓库材料的目录编号，在材料出入库时，要反映材料的编号。如果要查阅后再输入显然是比较麻烦的，可以通过设计一个自定义对话框以参照的方式输入。

5．利用 Excel 数据库函数管理数据库

对在工作表上设计的数据库，Excel 内置了丰富的数据库函数，可以利用它们方便地进行数据库中数据的处理。如利用数据库求和函数 DSUM，即可对工作表上某区域的数据按指定的标准求和。

6．菜单设置

系统菜单的设置，可以在 Excel 的"工具"栏增加命令来执行系统的程序，也可以设置 Excel 式的层次菜单。但在 Excel 的一张工作表上设置菜单操作更为方便，并且保持了 Excel 原有的菜单设计模式。

在工作表上设计菜单的方式是在工作表上安装宏按钮。要执行系统的某项功能，单击相应的宏按钮即可。

7．安全设置

系统可以通过加密等方式保证其安全。

（1）对文件加密。Excel 可以对其文件加密。当对系统所依附的专用文件加密后，如果输入的密码不正确就不能打开专用文件进入系统。

（2）保护工作表、工作簿和工程。Excel 设置有保护工作表、工作簿和工程的功能，通过这些功能可以实现系统的以下保护：

在工作表上设计的格式一般不允许修改，这可以通过保护工作表来实现。

在系统设计中设计了专用工作表，这些工作表不能随意被删除，专用工作表的表名不能随意被修改，这可以通过保护工作簿来实现。在界面设计上，可以设计在任何时候只有一张工作表，而将其他的工作表隐藏起来。如果不希望用户看到某些工作表，也可以隐藏起来。要使隐藏的工作表不被显现，只需护工作簿。

由系统工作表、系统宏程序模块表、系统窗体等组成的系统工程，如果不希望被用户修

改，可以对系统工程加密，以保护系统工程。

本章小结

本章介绍了 Excel 的数据存放方式以及数据关系，读者初步了解到可以用 Excel 的宏来实现操作的自动化从而提高数据的管理效率。Excel 的结构是一个"表册"，会计上的凭证、账和报表都是表，用"表册"来管理会计数据符合会计人员的心理，而依托 Excel 进行第二次开发，可使会计信息系统建立在一个较高的基础上。

读完本书读者会感到，在 Excel 上建立会计信息系统操作方便且功能很强，而并不需要事先掌握很多计算机专业知识。读者还会发现，建立会计信息系统的方法提供了一种在 Excel 上设计其他信息系统的一般方法，所建立的会计信息系统中的一些宏代码完全可以直接应用在其他的信息系统中。

思考与练习题

1.（1）怎样确定 Excel 数据存放的位置？

（2）试将阿拉伯数字 10 输入工作簿 Book1 的工作表 Sheet1 的 Z3 单元格。保存后，关闭文件，再打开查找输入的数据。

2.（1）Excel 的数据关系可以通过哪些方式反映？

（2）下面是某商场 20××年的销售情况：

	A	B	C
1	月份	销售收入（万元）	
2	1	12	
3	2	12.5	
4	3	11	
5	4	13	
6	5	14	
7	6	12	
8	7	11.3	
9	8	10.5	
10	9	12.7	
11	10	10.8	
12	11	17.5	
13	12	15	
14			

① 试在 B14 中输入反映各月销售收入合计的公式。

② 试在 C14 中输入反映各月销售收入合计的求和函数 SUM，并与①题的结果比较。

③ 试用折线图反映各月销售收入的变化关系。

3. 什么是 Excel 宏，在 Excel 上建立信息系统时宏有什么作用？

第2章 数据表格、宏的设计

本章要点：

- 如何在 Excel 上设计系统数据表格；
- 如何在 Excel 上设计应用程序。

从本章开始，我们将介绍在 Excel 上建立会计信息系统的一些基础知识和关键技术。

按 1.5 节在 Excel 上设计会计信息系统的思路，本章将进入具体的设计工作，建立系统所依附的专用文件，在工作表上设计数据表格并创建宏。建议从现在开始，读者边阅读边在计算机上进行相应的验证性设计。特别是系统的宏，读者可以分段执行代码观察执行结果，甚至改变一些代码再观察执行结果有什么变化。这样，读者会感到很有趣，并且切实掌握编程技巧。

考虑到有些读者对计算机知识或 Excel 不够熟悉，我们会有重点地对相关内容做一些准备性的介绍，使系统设计介绍更加详尽、直观，语言上更加通俗易懂。

2.1 建立会计信息系统专用文件

新建一个 Excel 文件，在该文件中设计会计信息系统，即建立会计信息系统专用文件。Excel 的一个文件即一个"表册"，也就是说，我们现在要利用 Excel 的一个"表册"来管理会计信息。

建立名为"会计核算系统"专用文件的步骤如下。

（1）用鼠标双击桌面上的 Excel 图标，打开 Excel，自动产生一个文件 Book1，如图 2-1、图 2-2 所示。

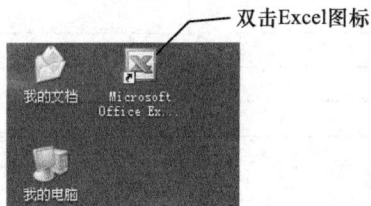

图 2-1　桌面 Excel 图标　　　　图 2-2　自动产生文件 Book1

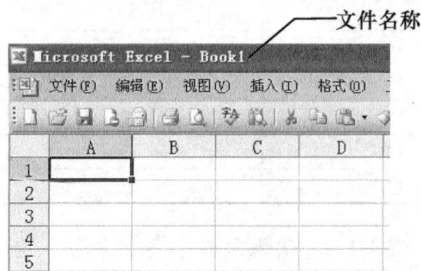

（2）选择菜单栏的"文件"→"保存"命令，弹出"另存为"对话框，如图 2-3、图 2-4 所示。

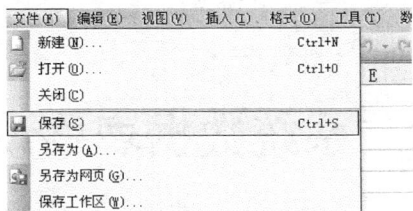

图 2-3　选择"文件"→"保存"

图 2-4　"另存为"对话框

（3）在对话框的"文件名"栏输入"会计核算系统"、"保存类型"栏选择"Microsoft Office Excel 工作簿"后，单击右下方的"保存"按钮，如图 2-5、图 2-6 所示。

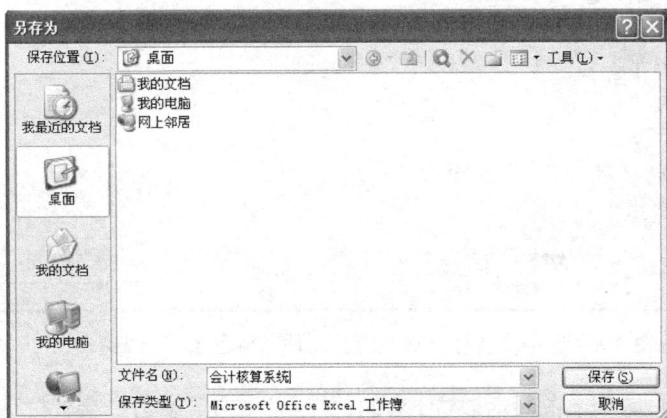

图 2-5　输入专用文件名，选择"Microsoft Office Excel 工作簿"

图 2-6　设置的"会计核算系统"专用文件（注意文件名）

2.2 系统数据表格设计

我们已经建立了"会计核算系统"专用文件，那么，又怎样在文件中进行系统数据表格设计和应用程序的编写呢？我们首先以记账凭证格式的设计为例，介绍在"会计核算系统"专用文件中设计系统数据表格的方法。

2.2.1 设置"凭证"工作表

为了设计记账凭证，将"会计核算系统"工作簿的一张空白工作表命名为"凭证"，在"凭证"工作表上设计记账凭证格式。具体步骤如下。

（1）选择"文件"→"打开"命令，弹出"打开"对话框，选中"会计核算系统"文件，如图2-7、图2-8所示。

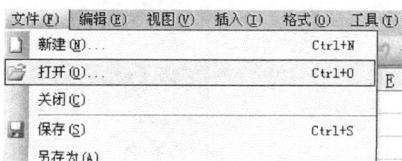

图2-7 选择"文件"→"打开"命令

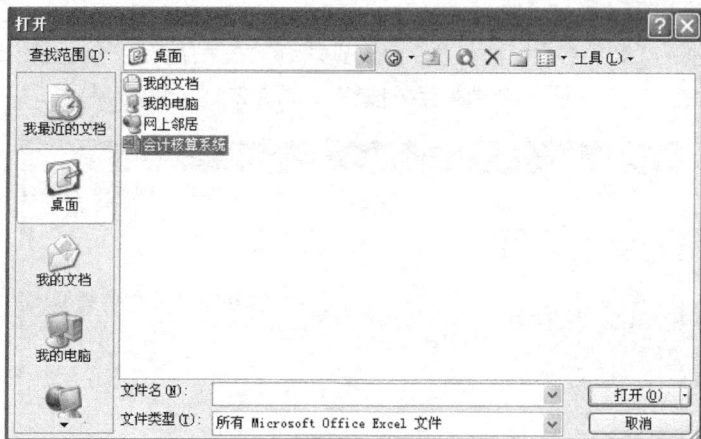

图2-8 选中"会计核算系统"文件（蓝色条标记表示选中）

（2）单击如图2-8所示的对话框右下方的"打开"按钮，打开"会计核算系统"专用文件。

（3）命名"凭证"工作表。双击Excel的一张空白工作表的表签，输入"凭证"字样，如图2-9所示。

图2-9 设置的"凭证"工作表

下面在“凭证”工作表上设计记账凭证格式。

2.2.2 记账凭证表格线设计

记账凭证表格线设计步骤如下。

（1）画表格线。

选定 B3：J12 区域，单击格式工具栏的“边框”
图标中的“田”项，如图 2-10 所示。

（2）合并单元格。

选定 C3：F3 区域，选择“格式”→“单元格”

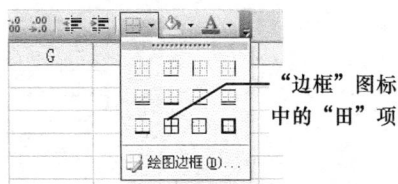

图 2-10　选择“田”项形成表格线

命令，显现“单元格格式”对话框。在对话框中选
择“对齐”选项卡，单击“合并单元格”项前的小框，使之出现“√”标记。单击“确定”
按钮后，C3：F3 区域合并为 C3 合并单元格。

类似地，再分别选定以下区域。

G3：H3，I3：J3；

C4：J4；

B5：C5，　D5：F5，　G5：H5，　I5：J5；

B6：C6，　D6：F6，　G6：H6，　I6：J6；

B7：C7，　D7：F7，　G7：H7，　I7：J7；

B8：C8，　D8：F8，　G8：H8，　I8：J8；

B9：C9，　D9：F9，　G9：H9，　I9：J9；

B10：C10，D10：F10，G10：H10，I10：J10；

B11：C11，D11：F11，G11：H11，I11：J11；

B12：F12，G12：H12，I12：J12

然后合并单元格。

（3）调整列宽。

为了适应记账凭证各栏目输入数据的多少，同时也考虑到界面友好，需要适当调整列宽。
系统设置的列宽分别是：A 为 1.75，B 为 8.75，C 为 2.25，D 为 10.38，E 为 8.01，F 为 8.75，
G 为 4.75，H 为 7.01，I 为 4.75，J 为 7.13，K 为 2.88。

调整列宽时，光标指定“凭证”工作表列标字母间的竖线，出现十字左右双向箭头后，
按下鼠标左键向左或右拖动鼠标至适当位置，释放鼠标。列宽不一定精确到某一数值，只要
满意即可，如图 2-11 所示。

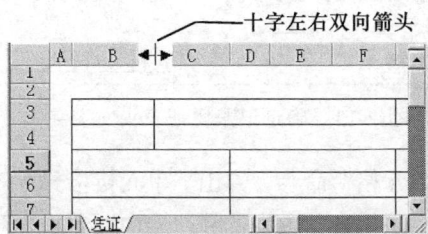

图 2-11　调整列宽

设计好的记账凭证表格线如图 2-12 所示。

图 2-12　记账凭证表格线

2.2.3　记账凭证文字设计

设计记账凭证的文字时，表头文字需要做一些特殊处理，其他文字设计基本相同。

1．记账凭证表头文字设计

记账凭证表头文字设计步骤如下。

（1）合并 D1：H1 为 D1 合并单元格。

（2）输入"记账凭证"字样。

（3）选择"格式"→"单元格"命令，显现"单元格格式"对话框。单击"字体"标签，显现"字体"选项卡。在"字体"项中选择"宋体"，"字形"项选择"加粗　倾斜"，"字号"项选择"20"，"颜色"项选择"粉红"，"下划线"项选择"双下划线"，然后单击"确定"按钮，如图 2-13 所示。

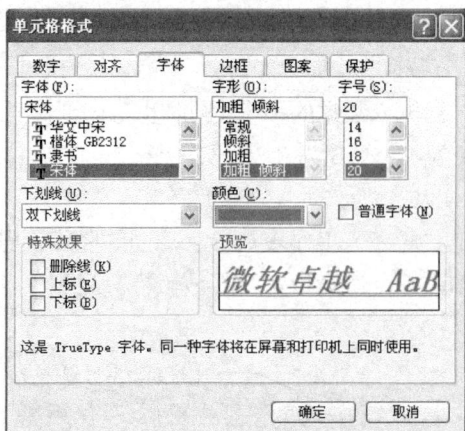

图 2-13　确定记账凭证表头文字字体

（4）选择"格式"→"单元格"命令，弹出"单元格格式"对话框。单击"对齐"标签，显现"对齐"选项卡。在"水平对齐"项中选择"居中"，"垂直对齐"项选择"靠下"，然后单击"确定"按钮，如图 2-14 所示。

（5）双击 D1 合并单元格进入文字编辑状态，在文字之间增加一个空格以调整字距。

设计好的表头文字如图 2-15 所示。

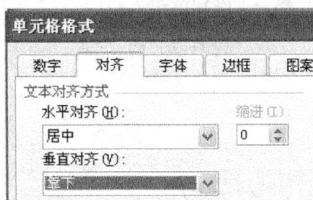

图 2-14　确定记账凭证表头文字在单元格中的位置

图 2-15　记账凭证表头文字

2. 记账凭证其他文字设计

记账凭证其他文字设计步骤如下。

（1）选定 B3 单元格，输入"日期"。

（2）选定 G3 合并单元格，输入"凭证号"。

（3）选定 B4 单元格，输入"摘要"。

（4）选定 B5 合并单元格，输入"科目编号"。

（5）选定 D5 合并单元格，输入"科目名称"。

（6）选定 G5 合并单元格，输入"借方金额"。

（7）选定 I5 合并单元格，输入"贷方金额"。

（8）选定 B13 单元格，输入"会计主管:"。

（9）选定 E13 单元格，输入"记账:"。

（10）选定 G13 单元格，输入"审核:"。

（11）选定 I13 单元格，输入"制单:"。

（12）选定 K6 单元格，输入"附"。

（13）选定 K7 单元格，输入"件"。

（14）选定 K9 单元格，输入"张"。

以上文字的"字体"均为宋体，"字形"为普通，"字号"为 12，"颜色"为海蓝，"位置"均为水平居中。

2.2.4　记账凭证格式中的函数定义

会计核算系统的记账凭证有一些特殊的要求，如判断借、贷方的合计数是否相等，在格式设计中需要利用 Excel 函数。

Excel 的函数问题在 1.2 节我们已经遇到过，已经知道如何用键盘在单元格中输入函数。读者也可以按以下步骤查看 Excel 内置的所有函数，并将需要的函数插入工作表的单元格。

（1）确定欲输入函数的单元格，如 E2，再选择"插入"→"函数"命令，弹出"插入函数"对话框，如图 2-16、图 2-17 所示。

（2）可以在对话框中滚动查阅函数，当您选定要插入的函数后，假定选择"常用函数"

的求和函数 SUM（见图 2-17），单击对话框下方的"确定"按钮，弹出"函数参数"对话框，如图 2-18 所示。

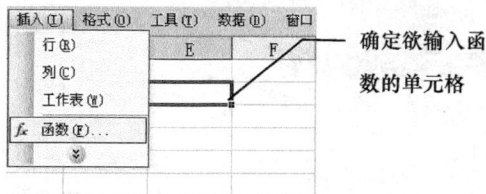

图 2-16　确定单元格后，再选择"插入"→"函数"

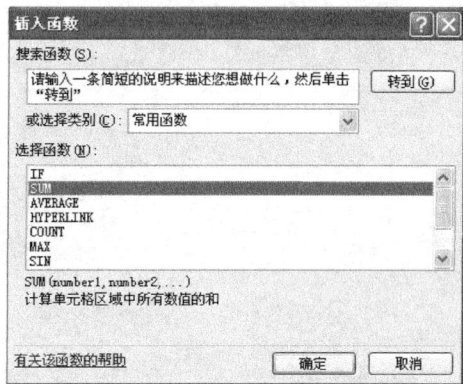

图 2-17　"插入函数"对话框

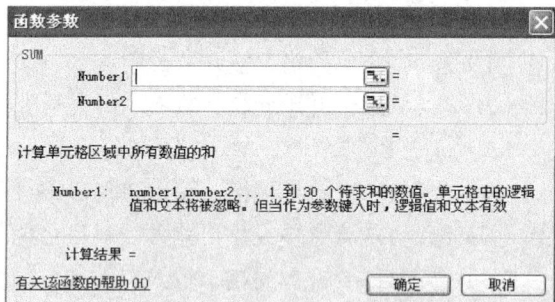

图 2-18　"函数参数"对话框

（3）在对话框中输入变量值，如 1，2，3，单击"确定"按钮，即完成函数的插入，如图 2-19 所示。

Excel 的函数变量值可以由函数所在单元格以外的其他单元格（或区域）值提供，如 C2：D2 值（不能为函数所在的单元格 E2），这只需在输入变量值时输入 C2：D2 即可，如图 2-20 所示。

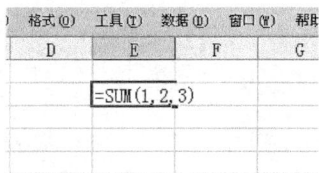

图 2-19　插入 SUM 函数

图 2-20　指定单元格（或区域）输入函数变量值

按照会计学借贷记账法的记账规则，每一笔经济业务的借方金额和贷方金额应当相等。我们利用 Excel 的求和函数 SUM 来计算借方金额和贷方金额的合计。其做法是：分别在 G12、I12 合并单元格（设计表格线时，将 G12：H12、I12：J12 合并为 G12 和 I12 合并单元格）中定义求和函数 SUM（G6：H11）和 SUM（I6：J11），如图 2-21 所示。

当 G6：H11、I6：J11 值变动时，函数 SUM（G6：H11）和 SUM（I6：J11）值随之变动。这样就利用函数 SUM 建立起记账凭证格式中数据之间的一种关系。

为了判断借方金额和贷方金额是否相等，我们利用 Excel 的条件函数 IF。具体步骤如下。

（1）取消 B12 合并单元格。在表格线设计中，我们将 B12：F12 合并为一个 B12 合并单元格。这里，先取消 B12 合并单元格。取消 B12 合并单元格的操作是：选定 B12 合并单元格，单击"格式"→"单元格"命令，显现"单元格格式"对话框。再选择"对齐"选项卡，单击"合并单元格"项前的小框，取消"√"标记，然后单击"确定"按钮。

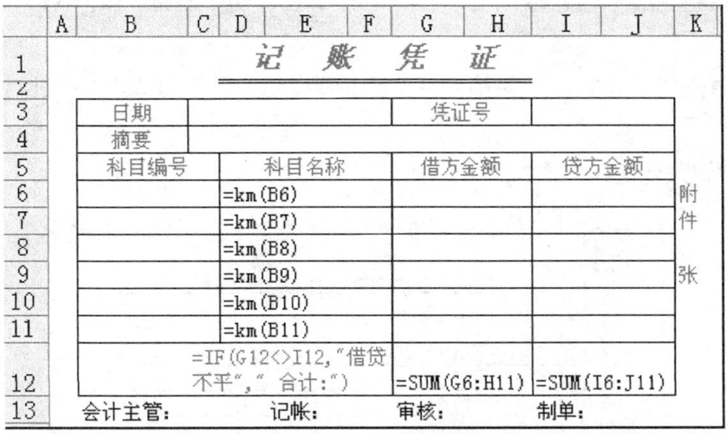

图 2-21 记账凭证格式中的函数定义

（2）合并 C12：F12 区域。合并 C12：F12 区域，形成一个 C12 合并单元格，注意在这次合并中没有包括 B12 单元格。

（3）定义条件函数 IF。在 C12 合并单元格中定义条件函数 IF（G12＜＞I12，"借贷不平"，"合计："），以判断"借方金额"和"贷方金额"是否相等。如果 G12＜＞I12，即"借方金额"不等于"贷方金额"，那么显示"借贷不平"字样；否则，显示"合计："字样，如图 2-21 所示。

Excel 除了内置有丰富的函数外，还可以设置自定义函数来满足特殊的需要，这一功能对信息系统的设计非常重要。在向记账凭证输入数据时，当然可以一栏一栏地输入。如输入科目编号后，再输入科目名称。但若输入科目编号后能自动产生科目名称显然更好。这可以通过在"科目名称"栏定义一个 Excel 自定义函数 km（定义方法参见 5.1 节）来实现，如图 2-21 所示。

2.2.5　记账凭证底色设计

记账凭证底色设计步骤如下。
（1）选定整张"凭证"工作表。
（2）单击"格式"→"单元格"命令，显现"单元格格式"对话框。
（3）选择"图案"选项卡，选择象牙色，然后单击"确定"按钮。

2.2.6　记账凭证格式保护

我们希望"凭证"工作表上记账凭证格式中的一些单元格可以输入数据，而另一些不能改动。其保护步骤如下。

（1）选定整张工作表，单击"格式"→"单元格"项，显现"单元格格式"对话框。选择"保护"选项卡，单击"锁定"项前的小框，显现锁定前的"√"标记，然后单击"确定"按钮。

（2）选定要输入数据的单元格 C3，单击"格式"→"单元格"项，显现"单元格格式"对话框。选择"保护"选项卡，单击"锁定"项前的小框，取消锁定前的"√"标记，然后单击"确定"按钮。类似地，取消 I3、C4、B6：B11、G6：G11、I6：I11 和 K8 单元格锁定前的"√"标记。

（3）分别单击"工具"→"保护"→"保护工作表"和"工具"→"保护"→"保护工作簿"项。

设计好的"记账凭证"格式如图 2-22 所示。

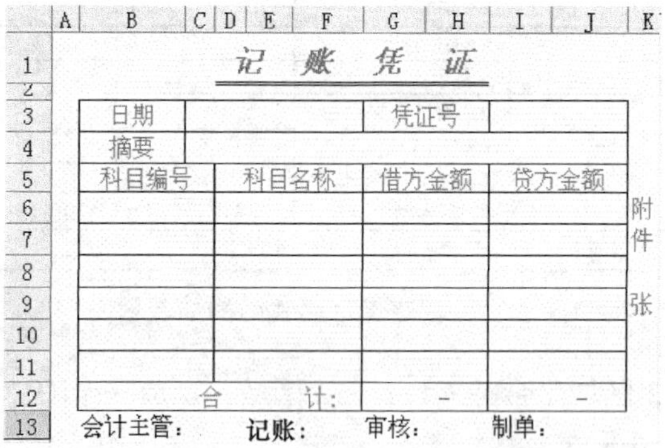

图 2-22　"记账凭证"格式

2.3　系统应用程序的编写

现在介绍怎样在"会计核算系统"专用文件中编写应用程序，我们利用 Excel 内置的 VBA 语言编写"宏"来实现。

2.3.1　VBA 编程环境

进行"会计核算系统"专用文件"宏"的编辑步骤如下。

（1）假定已打开"会计核算系统"文件，选择"工具"→"宏"→"宏"命令，弹出"宏"对话框，如图 2-23、图 2-24 所示。

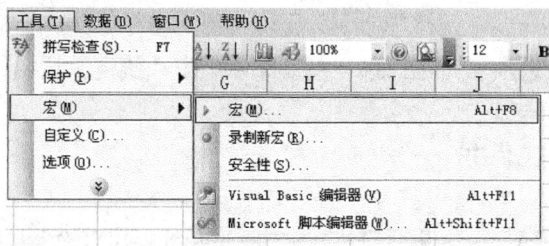

图 2-23　选择"工具"→"宏"→"宏"

（2）在"宏"对话框的"宏名"栏中输入要编写宏的名称，如"试编宏"。为便于在"会计核算系统"文件中可以随时执行新编写的宏，"位置"栏选择"会计核算系统.xls"，如图 2-25 所示。

图 2-24 "宏"对话框

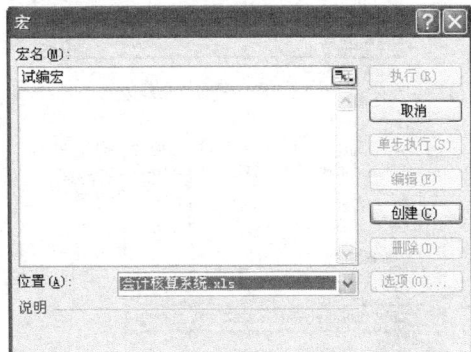

图 2-25 输入宏名，并确定宏存放的位置

（3）单击"宏"对话框右方的"创建"按钮，显现要编辑的宏所在的模块表，就可以编写程序了，如图 2-26 所示。

注意图 2-26 宏模块表中的"试编宏"，以 Sub 试编宏()开头，End Sub 结尾，而宏代码夹在 Sub 试编宏()与 End Sub 之间。即宏的基本格式为

```
Sub 试编宏()
…
End Sub
```

当然格式中的宏名可能不同。

宏模块表的上方 Excel 提供了如复制、替换、运行等宏程序编写和调试工具，可以充分地利用它，如图 2-27 所示。

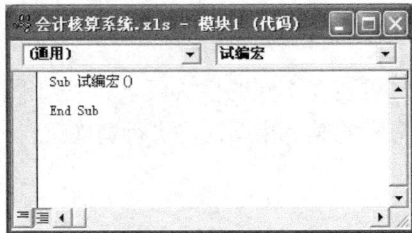

图 2-26 编辑宏的模块表

图 2-27 宏模块表上方的菜单及工具栏

若完成试编宏的编写后，欲另设计一个新的宏，可以很方便地按下面的步骤进行，而不必采用刚才建立试编宏的方式。

（1）复制试编宏的代码，如图 2-28 所示。

（2）将复制的试编宏代码的宏名改为新的宏名，如另一宏，如图 2-29 所示。

编程完毕，要返回 Excel 工作表环境，只需选择宏模块表上方菜单"文件"→"关闭并返回到 Excel"命令即可，如图 2-30 所示。

返回 Excel 工作表环境后，如果要编辑已编写的宏，如"试编宏"，可以按以下步骤进行。

（1）选择"工具"→"宏"→"宏"命令，弹出"宏"对话框，如图 2-31 所示。

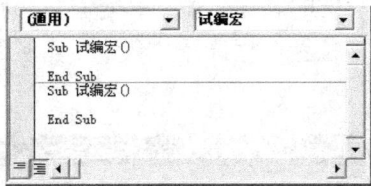

图 2-28　复制试编宏

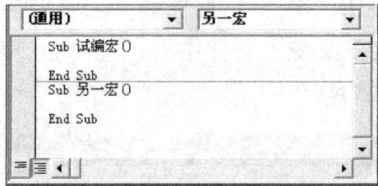

图 2-29　以复制方式创建另一宏

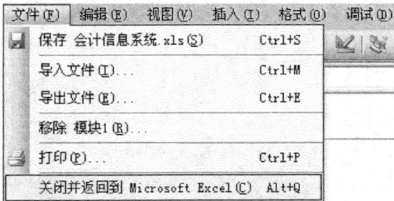

图 2-30　切换 VBA 编程环境命令

图 2-31　选择"工具"→"宏"→"宏"

（2）在"宏"对话框中选定"试编宏"，单击右方"编辑"按钮，显现"试编宏"所在模块表就可以编辑了，如图 2-32 所示。

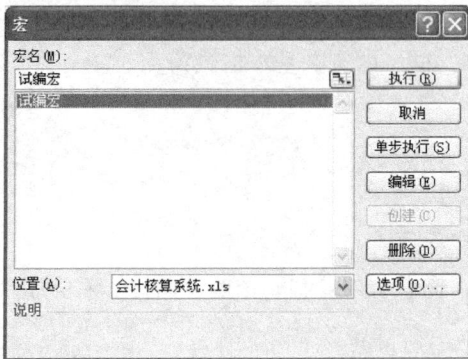

图 2-32　选择"试编宏"，单击"编辑"按钮

Excel 的一个文件可以提供很多的模块表，不同的宏可能在不同的模块表上。但如果把所有的宏放在一个模块表中，则会更方便编辑，如对所有宏的某一相同代码进行替换。

2.3.2　宏的执行

写好了一个宏，要观察效果，可以执行宏。如在试编宏中写入了选择当前工作表 B2 单元格和输入数字 12 的代码，如图 2-33 所示。

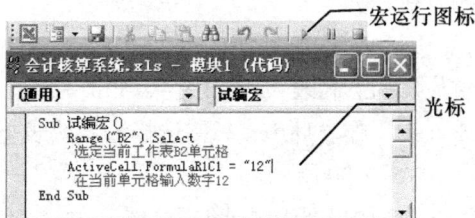

图 2-33　在模块表上写入代码

在编写程序代码时，若有必要，则可以对程序代码加以注释，只需将注释文字单列一行，并在文字的最前面标以单引号"'"标注即可，在执行程序时，注释部分就不会执行。例如，图 2-33 程序代码中的' 选定当前工作表 B2 单元格即为注释。

为了使读者（特别是 VBA 语言的初学者或非计算机专业人员）了解系统程序代码，本书的程序均做了较详细的注释（若前面已注释过，后面一般不再注释，除非为了提示一些重要的步骤）。

将光标置于 Sub 试编宏()与 End sub 之间，单击宏模块表上方工具栏的宏运行图标，即可执行试编宏。这种方法在编写 VBA 代码的过程中运行宏很方便。

假定当前工作表为 Sheet1，执行试编宏的结果如图 2-34 所示。

执行宏也可以采用一些其他的方法。如以对话框方式执行试编宏，其步骤如下。

（1）假定现在是宏编辑状态，先切换回工作表环境。

（2）然后再选择"工具"→"宏"→"宏"命令，弹出"宏"对话框。

（3）在"宏"对话框中选定"试编宏"，单击右方"执行"按钮即可，如图 2-35 所示。

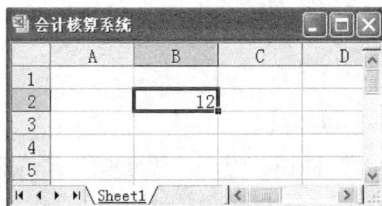

图 2-34　试编宏执行结果

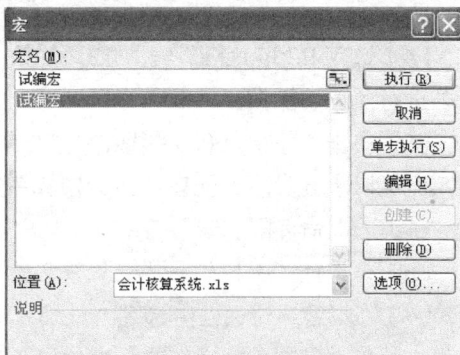

图 2-35　选择"试编宏"，单击"执行"按钮

2.3.3　宏的录制

VBA 编程与其他语言一样，一般是用键盘输入代码。Excel 还可以用"录制"的方式将操作过程自动转换为宏代码，这一功能给编程带来了极大的方便。

事实上，本章前面试编宏的代码就是录制产生的，其步骤如下。

（1）假定已打开"会计核算系统"文件，当前工作表为 Sheet1，选择"工具"→"宏"→"录制新宏"命令，弹出"录制新宏"对话框，如图 2-36、图 2-37 所示。

（2）在"录制新宏"对话框的"宏名"栏输入要编写的宏程序的名称，如"试编宏"（如果不输入宏名，则宏名为默认的宏名），"保存在"栏选择"当前工作簿"如图 2-38 所示。

（3）单击"录制新宏"对话框下方的"确定"按钮，显现"停止录制"浮标，如图 2-39 所示。这时就像打开了录像机的开关，所进行的一系列操作都自动转化成 VBA 程序代码。

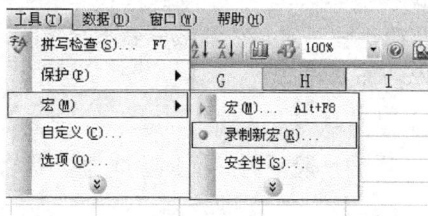

图 2-36　选择"工具"→"宏"→"录制新宏"

图 2-37　"录制新宏"对话框

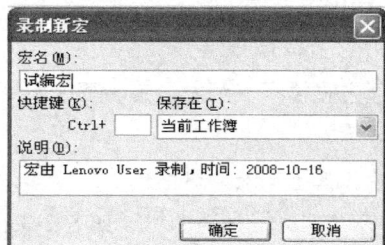

图 2-38　输入"试编宏"宏名，选择"当前工作簿"

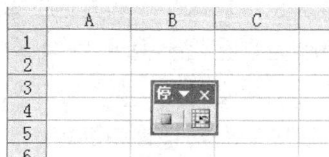

图 2-39　"停止录制"浮标

（4）选定 B2 单元格，输入 12，并按 Enter 键（按 Enter 键后，光标选定了 B3 单元格），一共进行了三项操作。

（5）单击"停止录制"浮标，"停止录制"浮标消失。此时好像关闭了录像机的开关。

完成以上五步后，就在"会计核算系统"专用文件的模块表中建立了一个以输入的宏名称"试编宏"命名的"宏"。

（6）再选择"工具"→"宏"→"宏"命令，显现"宏"对话框。

（7）在"宏"对话框中选定"试编宏"，单击右方"编辑"按钮，显现"试编宏"所在模块表，就可以看到录制操作的程序代码了，如图 2-40 所示。

注意图 2-40 的模块表，录制宏过程中的三项操作对应转换成了 3 行代码。本章前面的试编宏为简洁起见只保留了第 1、2 代码，即选定当前工作表 B2 单元格输入数字 12，并加入了注释。

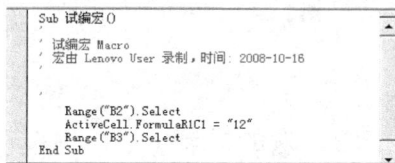

图 2-40　录制产生的宏代码

以"录制"的方式自动产生宏代码，是 VBA 编程的一个最大的特点。特别是当我们不知道要实现操作的代码如何写时，这一方法很有用。就以试编宏为例，假定读者从未接触过 VBA 代码，连"选定当前工作表 B2 单元格并输入数字 12"这样的简单操作代码也不会写，可按上面的步骤进行录制。事实上，本书的很多重要操作代码就是先录制产生关键代码，再按要求略加改造形成的。

📖 **本章小结**

本章举例介绍了如何在信息系统专用文件中设计数据表格和应用程序。在示例设计中可以看到，我们的会计核算系统是建立在 Excel 的一个文件基础上，也就是说，系统的设计实质上是在 Excel 上进行的第二次开发。

本章有一点要特别注意，在记账凭证格式设计中定义条件函数 IF 时，我们合并了 C12: F12，但未将 B12 一并合并起来（如果从形式上看，应当合并 B12: F12）。在后面我们会看到，这样做是考虑到记账凭证数据自动结转程序设计的需要。事实上，系统数据表格与宏两者的设计是密不可分的。

思考与练习题

1. （1）如何建立一个信息系统文件？

   （2）试在 Excel 上建立一个命名为"产品销售管理系统"的文件。

2. （1）设置"会计科目表"工作表，并按下表设计工作表格式，为方便查阅冻结标题栏（科目编号、科目名称所在行）。

科 目 编 号	科 目 名 称
ZC1001	库存现金
ZC1002	银行存款
ZC1601	固定资产
ZC1602	累计折旧
FZ2001	短期借款
SQ4001	实收资本
SQ400101	实收资本－A
SQ400102	实收资本－B
SQ4103	本年利润
SY6602	管理费用

   （2）续第（1）题，将所设计好的"会计科目表"工作表的底色改成您所喜欢的颜色。

3. 在记账凭证格式设计中定义函数有什么作用？

4. （1）如何在 Excel 上设计应用程序？

   （2）试编写一个命名为"我也能编宏"的宏。

   （3）用录制方式自动产生在当前工作表 C3 单元格插入公式"=A3+B3"的宏代码。

第3章 VBA 编程特点

本章要点:

- VBA 面向对象操作方法;
- VBA 程序错误的检测与修改;
- 宏的调试。

我们已经了解了如何进入系统应用程序(即宏)的编辑状态,并编写了第一个宏——试编宏。编写宏的 VBA 除了以"录制"方式自动产生代码外,还具有面向对象操作、自动检测程序错误以及程序调试方便等特点。本章将介绍这些特点,以帮助读者解决在编程中遇到的一些问题。

3.1 面向对象操作

VBA 可以指明 Excel 环境中的对象进行操作,可称为面向对象的语言。

【例 3.1】 清除区域 A1:B2 的数据,代码为

```
Range("A1:B2").Clear
```

其中,Range("A1:B2")指明区域,Clear 进行清除数据的操作。

【例 3.2】 在区域 A1:B2 内填充红色,代码为

```
Range("A1:B2").Select
With Selection.Interior
    .ColorIndex = 3
    .Pattern = xlSolid
End With
```

其中,Range("A1:B2").Select 选定区域,With…End With 填充红色。

为了直观体验例 3.2 代码面向对象操作的特点,下面在 Excel 上进行如下操作:

(1)选定当前工作表区域 A1:B2;

(2)在选定区域填充红色,并通过"录制"宏方式转换成代码,如图 3-1 所示。

```
Sub 面向对象操作示例()

' 面向对象操作示例 Macro
' 宏由 User 录制, 时间: 2008-10-8

'
    Range("A1:B2").Select
    With Selection.Interior
        .ColorIndex = 3
        .Pattern = xlSolid
    End With
End Sub
```

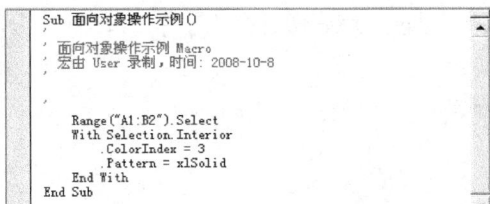

图 3-1　面向对象操作示例

从图 3-1 模块表上我们可以看到第（1）步选定对象（当前工作表区域 A1:B2），第（2）步进行操作（在选定区域填充红色）的代码正是例 3.2 的代码。

Excel 环境中的每一项被认为是一个对象，对象可以是一个范围或一张工作表等。我们将对对象的操作行为称为方法，而将对象的特征称为属性。例 3.2 中的区域 A1：B2 是一个对象，清除（Clear）是一种方法，填充红色（With…End With）则属于对象属性的规定。

可以看出，VBA 在对象操作上语法结构具有简洁明了的特点。简单地说，就是先选定对象，再指示方法或规定属性。

3.2　自动检测错误及"录制"参照改正

如果编程出现了问题，首先要知道错在什么地方，然后寻求改正方法。VBA 可以自动检测程序的错误，而采用所谓的"录制"参照改正法改错不失为一个好的选择。

3.2.1　自动查错功能

在编程中可能出现语法等错误，如编写试编宏，在输入代码 Range("B2").Select 时引号使用了全角（如果用汉字输入法编写宏，括号、双引号、逗号、点等都必须在半角状态下输入，这一点初学者很容易出错）。VBA 有自动检测错误的功能，出现错误的语句会立即显现为红色，并弹出提示编译错误原因的信息框，如图 3-2 所示。

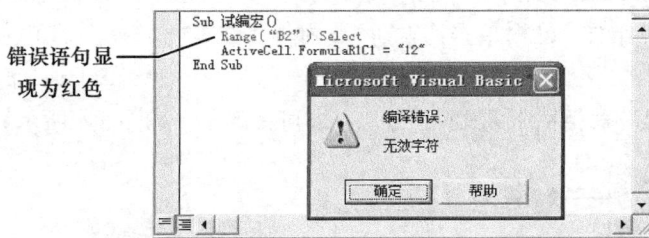

```
Sub 试编宏()
    Range("B2").Select
    ActiveCell.FormulaR1C1 = "12"
End Sub
```

错误语句显现为红色

┌─────────────────────────────┐
│ Microsoft Visual Basic   [X]│
│ ⚠ 编译错误: │
│   无效字符   │
│   [确定]   [帮助]   │
└─────────────────────────────┘

图 3-2　错误语句显现为红色并弹出出错信息框

若单击编译错误信息框的"帮助"按钮，可以获得 Excel 提供的在线帮助，了解出错原因的更多信息。

若欲直接修改代码，单击编译错误信息框的"确定"按钮，信息框消失后即可进行修改。如将错误代码 Range（"B2"）.Select 中的引号由全角改成半角就行了。

VBA 的自动检测程序错误功能，就好像身边随时有一名老师，及时帮助用户指出错误。

3.2.2 "录制"参照改正

先讲一则小故事。

作者曾有一位邻居，堪称"万能"修理工。从各种电器（大到电视机、电冰箱……小到电饭煲、电吹风……）到天然气灶，甚至儿童玩具，好像没有什么他不能维修的。我不解地问："你怎么知道这么多东西的原理，有些还是过去从未见过的玩艺儿？"他不假思索地回答："我哪里什么都知道，很多时候都是这样做，一个东西坏了，找一个好的来比较一下就知道坏在哪里了。"按此法我也尝试做一些家庭中的维修工作，十分有效，且不知不觉乐在其中了。

在编程时可能出现这样的情况，已经知道了哪一行程序有错，但反复修改也不对，搞得无计可施。事实上有一个好的解决办法，一般都能成功。即将您要用程序实现的操作，采用"录制"的方法在 Excel 上进行一遍，将操作转换为代码。然后，将录制产生的正确代码与错误代码比较一下，就可以知道错在哪里了。

例如，"选择当前工作表 B2 单元格"这一操作，2.3.3 节录制产生的正确代码是 Range("B2").Select，而 3.2.1 节显示有错的代码是 Range（"B2"）.Select。仔细将两者进行比较，就会恍然大悟："哦，是引号不对，半角写成了全角"。

在 VBA 编程中，这一方法非常有效，我们称之为"录制"参照改正法，是受万能修理邻居启发的一个经验之作。这种方法依赖于 Excel "录制"产生代码的功能，是 Excel 这一特殊环境下的产物。

如果"经验"帮不了忙，您的编程问题仍未得到解决办法，可进一步查看 Excel 提供的 VBA 帮助中的有关内容。

例如，欲查阅"Clear 方法"的详细资料，其步骤如下（假定当前状态为程序编辑状态，若为 Excel 工作表，应打开任一模块表）。

（1）选择"帮助"→"Microsoft Visual Basic 帮助"命令，如图 3-3 所示。

（2）在弹出的"Visual Basic 帮助"对话框的"搜索"栏输入"Clear 方法"字样，然后单击搜索箭头，如图 3-4 所示。

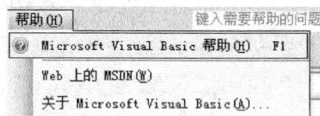

图 3-3 选择"帮助"→"Microsoft Visual Basic 帮助"

（3）单击"搜索结果"对话框下的 Clear 方法，即可查阅了，如图 3-5 所示。

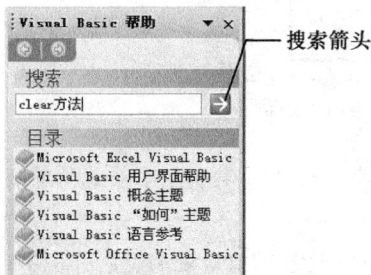

图 3-4 输入"Clear 方法"字样搜索

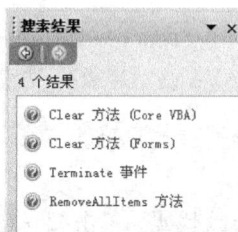

图 3-5 单击"Clear 方法"查阅

3.3　程序调试直观方便

在系统宏程序编写过程中，读者可以先不考虑个别程序代码正确与否（出错也暂时不予修改），按照自己的设计方案一口气编下去，待完成后再进行调试工作。这样的好处是因避免修改代码打断设计思路。通常的调试方法一是执行宏，二是设置断点。

3.3.1　执行宏查阅错误

在系统宏程序编写完毕后，如果要检查宏代码是否存在问题可以执行宏，如果存在问题就会弹出代码出错的信息框。

如 3.2.1 节试编宏代码中出现引号使用全角的错误，当执行该宏时，弹出出错信息框并指定出错的语句行，如图 3-6 所示。

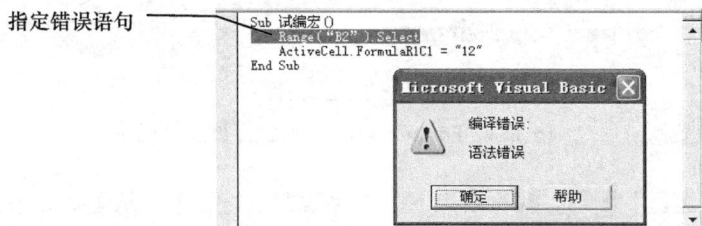

图 3-6　执行宏查阅错误

通过执行宏的方法，可以迅速查到代码出错的第一处，这一点对改错很有帮助。

3.3.2　设置断点

在程序编写时，一般事先有个设计方案，然后通过程序一步一步地实现它。程序编写完成后，可能程序代码并没有什么问题，但执行结果没有达到要求。这种情况通过执行宏的方法得不到出错提示，不便查找错在哪里。事实上，VBA 自动检测的只是语法上的错误，如果设计者在设计方案或者说逻辑思维上出现偏差就爱莫能助了。

针对这种情况，VBA 提供了一种设置断点的功能，一旦在程序某一代码处设置了断点，程序执行到断点处就会自动停止。在程序调试时，我们可以先在设计方案的第一步设置断点，执行程序并观察结果；如果结果没有问题，再在第二步设置断点，执行程序观察结果，如此进行直至找出问题为止。当然，设计者如果有把握，就可以跳过若干步，在怀疑有问题的地方直接设置断点以提高效率。

读者在学习本书时，如果希望分步执行系统宏观察运行情况，也可以采用设置断点的方法。

下面以 2.3.2 节试编宏为例，介绍如何通过设置断点分步观察程序执行结果。

假定欲在代码 ActiveCell.FormulaR1C1 = "12"处设置断点，查看前一步是否选对了要输入数据的单元格，其步骤如下。

（1）打开"会计核算系统"文件，选择"工具"→"宏"→"宏"命令，弹出"宏"对话框，在对话框中选定"试编宏"，单击"编辑"按钮，打开试编宏所在模块表。

（2）将光标置于代码 ActiveCell.FormulaR1C1 = "12"所在行后，选择"调试"→"切换断点"命令，设置断点，如图 3-7、图 3-8 所示。

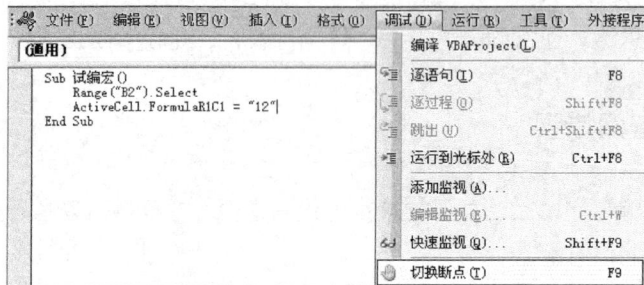

图 3-7 光标置于 ActiveCell.FormulaR1C1 = "12"行，选择"调试"→"切换断点"

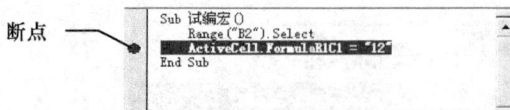

图 3-8 设置断点后，ActiveCell.FormulaR1C1 = "12"行被红色框住

（3）单击工具栏的"运行"图标，执行断点前的程序观察运行结果。从运行结果看，单元格定位正确，符合设计要求，如图 3-9 所示。

（4）再次选择"调试"→"切换断点"命令，取消断点。

（5）程序调试完成后，选择"文件"→"关闭并返回到 Excel"命令，弹出一个对话框，单击对话框的"确定"按钮返回 Excel 工作表，如图 3-10 所示。

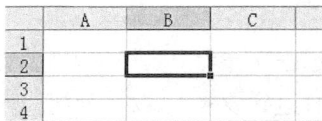

图 3-9 执行结果，选定 B2 单元格　　图 3-10 单击"确定"按钮返回 Excel 工作表

本章小结

VBA 是一种内置于 Excel 面向对象的程序语言，语法简洁明了，可以自动检测语法错误，并提供了方便的调试方法。本章简要地介绍了 VBA 的这些特点。

在改正程序错误时，我们特别介绍了一种"录制"参照改正法。这是一项最基本的 VBA 编程技术，其重要性体现在思想方法上。读者可以从网上下载本书主要示例（特别是一些关键技术）的程序代码，这些代码均经过反复测试，可供读者编程时参照。

在这里应当特别指出的是，如果读者按照一般学习计算机语言的方法，花费大量的工夫来了解 VBA 代码的意义学习 VBA 语法，就真有点"事倍功半"了。事实上，在编程中很多任务并不需要事先知道用什么代码来完成。在程序中某一步应当完成的工作，可以通过 VBA 特有的"记录"方法，先将这一步操作一遍，记录形成程序代码，这些代码自然符合 VBA 语法，将其原样（或稍做改动）复制在程序中即可。

思考与练习题

1. 既然 VBA 有自动查错的功能，那么在程序调试中设置断点有什么作用？

2. 试举一 VBA 面向对象操作的例子，并在计算机上测试。

3. （1）程序代码中的英文字母大小写对程序执行有无影响？

　　（2）在 Excel 的模块表上输入以下宏：

```
Sub 测试字母大小写、半全角更换()
    Range("B6").Select
End Sub
```

试将宏代码中的任一英文字母作大小写的更换，观察会出现什么情况。

4. （1）在汉字输入法下，程序代码中的标点符号使用半角或全角是否存在语法上的问题？

　　（2）沿用第 3 题（2）的宏，试在汉字输入法下将宏代码中的引号、括号或点改为全角，观察会出现什么情况。

第4章 VBA 变量、条件与循环语句及应用技术

本章要点：

- 如何自动确定记录的末行数；
- 如何给变动区域命名；
- 自动查找记录的方式；
- 工作表数据的自动结转。

在上一章我们已经了解了 VBA 编程的特点，本章结合 VBA 变量、条件与循环语句，以示例方式介绍系统编程的一些关键技术。

4.1 VBA 变量

VBA 语言的变量就像数学中的变量一样，可以赋值。一旦赋值，变量在程序中任何位置即代表所赋值。

VBA 变量可以事先定义，以明确变量的数据类型。代码"Dim…As…"即表示定义某个变量为某一数据类型。

VBA 变量也可以不定义，如果没有对变量进行定义，VBA 就默认为可变的数据类型（Variant）。系统会自动检测，判断变量在程序中的数据类型。不定义变量的优点是可以不必考虑变量应当定义为什么数据类型，很省事；缺点是系统执行程序时要先对变量在程序中的数据类型进行判断，如果事先定义了数据类型这一工作就不必了。据经验，不定义变量，让系统执行程序时先对变量在程序中的数据类型判断一下，一般不会对程序运行有什么影响。

VBA 常见的变量有字符变量（String）、整数变量（Integer）等。

需要注意的是，单元格中变量的使用。Excel 单元格的表示有两种方法。一种如 B5，表示第 5 行第 2 列单元格；另一种如 Cells(3,1)表示第 3 行第 1 列单元格。但是，如果单元格坐标为变量，则只能采用后一种表示，如 Cells(x,1)。这里，横坐标 x 是一个变量。

下面利用 Excel 内置的对话框函数 InputBox 观察怎样使用变量实现人机对话——以对话方式输入数据。

我们用一个例子来说明。

假设在模块表上编写了如下代码：

```
Sub InputBox 函数示例()
    Dim xm As String
    '定义 xm 为字符变量.
    xm = InputBox("请输入姓名:")
    '弹出要求输入姓名的对话框,输入姓名后赋值于变量 xm.
     Sheets("名单").Cells(2, 1) = xm
    '将输入的姓名记录在"名单"工作表坐标为(2,1)的单元格中
End Sub
```

在程序中 xm 定义为字符变量（String），也就是说，xm 值的数据类型应当是字符。之所以定义 xm 为字符变量，是因为 xm 代表姓名，而姓名是由字符组成的。

程序中当执行代码

```
xm = InputBox("请输入姓名:")
```

时，即弹出如图 4-1 所示的对话框。

输入姓名后，单击对话框右方"确定"按钮，所输入的姓名即赋值于变量 xm。

可以通过修改代码 xm = InputBox("请输入姓名:")中的文字，方便地改变对话框中的文字。

从这里可以看到，Excel 内置的 VBA 语言已经将一些比较复杂的设计工作，如设计对话框，变得十分简单——只不过是设计一种函数形式而已。

顺便说明一下 Excel 的另一对话框函数——MsgBox 函数，我们在后面要用到。

利用 MsgBox 函数可以对用户的操作给予提示。例如，在某程序中，有代码

```
MsgBox "查无此人!"
```

当执行这一代码时，即弹出如图 4-2 所示的对话框。

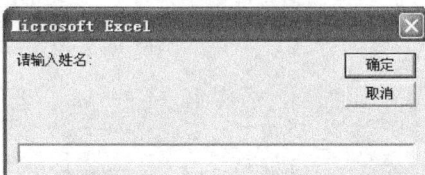

图 4-1　InputBox 函数对话框

图 4-2　MsgBox 函数对话框

当然也可以通过修改代码 MsgBox" 查无此人!"中的文字来改变对话框中的文字。

比较 InputBox 函数与 MsgBox 函数，利用前者可以向变量赋值，而后者不能。但后者的提示功能又是前者所不能替代的。

4.2　VBA 条件与循环语句

VBA 程序代码的执行是依照从上到下的顺序。如果要控制程序的执行，改变顺序，则可

以使用条件与循环语句。

4.2.1 条件语句

条件语句的格式为

```
If … Then
…
Else
…
End If
```

条件放在 If … Then 之间，满足条件执行 If … Then 与 Else 之间的代码，而不执行 Else 与 End If 之间的代码；不满足条件则执行 Else 与 End If 之间的代码，而不执行 If … Then 与 Else 之间的代码。

条件语句还有另一种表示方法：

```
If … Then
…
End If
```

满足条件就执行 If … Then 与 End If 之间的代码，不满足条件则跳过这段代码，顺序执行下面的代码。

4.2.2 循环语句

条件语句用条件来改变代码的执行顺序，代码只执行一次。如果要反复执行某些代码，则可以使用循环语句。

1. 判断式循环语句

判断式循环语句的结构为

```
Do While 判断条件
…
Loop
```

其意义是，执行时首先判断条件是否满足，满足就循环一次，然后再次判断，直到不满足为止。

2. 计数式循环语句

计数式循环语句的结构为

```
For 计数变量=初值 To 终值
…
Next 计数变量
```

其意义是，执行时从计数变量的初值开始第一次循环，循环计数进行直至终值（除非指令停止）。

判断式循环与计数式循环的主要区别如下。

（1）循环条件。判断式循环据条件判断是否继续循环，计数式循环不存在判断问题，而是按设定的次数依次进行循环。

（2）循环次数设定。计数式循环的循环次数需要事先设定，而判断式循环的循环次数不定。

4.3 应 用 示 例

下面举例说明 VBA 变量、条件与循环语句的应用，这几个例子所提供的方法在 VBA 编程中很有用，特别是最后一个例子可以使我们体会到使用循环语句的意义。

4.3.1 确定记录的末行数

在 VBA 编程中经常需要确定记录的末行数。设“销售记录”工作表 A 列在“日期”栏下有“2008-5-1”等记录，如图 4-3 所示。

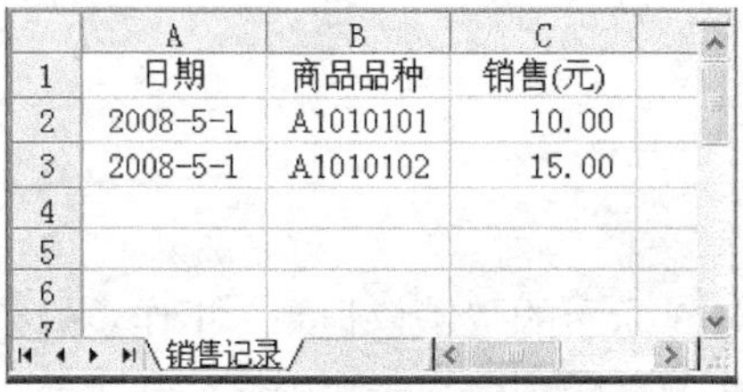

	A	B	C
1	日期	商品品种	销售(元)
2	2008-5-1	A1010101	10.00
3	2008-5-1	A1010102	15.00
4			
5			
6			
7			

图 4-3　某商场销售记录

随着销售的增加，记录的末行数是变动的，可以用代码

```
x = 1
Do While Not (IsEmpty(Sheets("销售记录").Cells(x, 1).Value))
    x = x + 1
Loop
```

自动确定记录的末行数，我们编一个宏来观察。

```
Sub 确定记录末行数示例()
    x = 1
    Do While Not (IsEmpty(Sheets("销售记录").Cells(x, 1).Value))
        x = x + 1
    Loop
    '以上 4 行代码确定"销售记录"工作表第 1 列从第 1 行起到第 1 个空行的行数 x
    Cells(x, 1).Select
    ActiveCell.FormulaR1C1 = "挨记录末行输入数据"
End Sub
```

上述判断式循环语句执行时，首先判断"销售记录"工作表第一列第一行单元格值是否为空；如果不空，就接着判断第一列第二行单元格值是否为空（每循环一次，执行一次"x＝x＋1"，x值增加1）；如果又不空，再判断第一列第三行单元格值是否为空，如此循环。但一旦遇到第一个空单元格即停止循环，x为第一个空单元格的行数，而记录的末行数为x-1。

执行确定记录末行数示例宏的结果如图4-4所示。

图4-4　自动判断记录末行

从图4-4中可以看到程序自动判断了记录的末行数，并在记录末行的下一行输入了"挨记录末行输入数据"字样。

在确定记录末行数示例宏中，应用判断式循环语句确定记录的末行数时，是以"销售记录"工作表第一列记录进行判断的，也可以改为第二列或第三列，数据库中任一列都行。但是，指定列记录之间不能有空行，即新记录应在最末一行记录的下一行录入，否则，循环就会在遇到的第一个空行处终止，导致出错。

4.3.2　给变动区域命名

承接前例，如果要对图4-3所示的"销售记录"工作表的销售记录进行数据处理，则需要确定数据区域。但是，数据区域随销售记录变动而变动，手工操作很麻烦，在这里我们可以利用宏自动选定包含最新记录的数据区域，而解决这一问题的关键在于给变动区域命名。

区域命名即给某个区域取一个名称。我们先看一下如何通过人机对话方式给区域命名，以便对区域命名有一个直观的概念。

假定要对Book1工作簿的Sheet1工作表中的B2：D4区域命名，可按以下步骤进行。

（1）选定B2：D4区域，如图4-5所示。

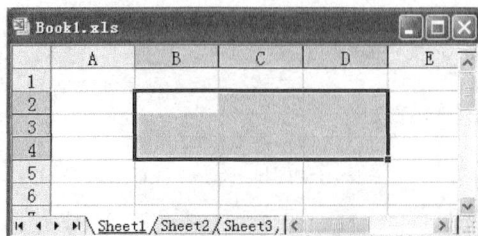

图4-5　选定要命名的区域B2：D4

（2）选择"插入"→"名称"→"定义"命令，显现"定义名称"对话框，如图4-6、图4-7所示。

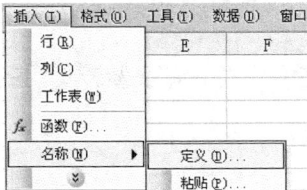

图 4-6 选择"插入"→"名称"→"定义"

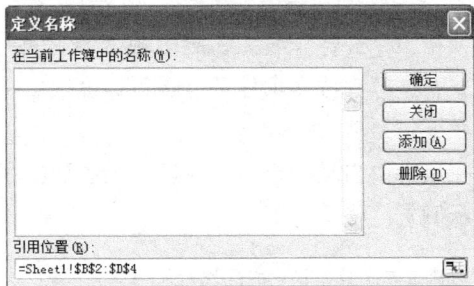

图 4-7 "定义名称"对话框

由于事先指定了命名的区域，所以"定义名称"对话框中"引用位置"栏中的数据自动产生。如果未事先指定，可以单击"引用位置"栏右边的图标█选定欲命名的区域。

（3）在对话框中输入给区域所取的名称（假定取名"试命名"）后，单击"确定"按钮，即完成命名工作。区域 B2：D4 一旦命名，欲选定它只需选其名称"试命名"即可。下面作一尝试。

将光标指定 A1 单元格，然后选择"视图"→"编辑栏"命令显现编辑条，可在编辑条的左方看见选定的 A1 单元格的名称 A1。再单击 A1 右边的下拉箭头，显现名称选项，选择"试命名"项，如图 4-8、图 4-9、图 4-10 所示。

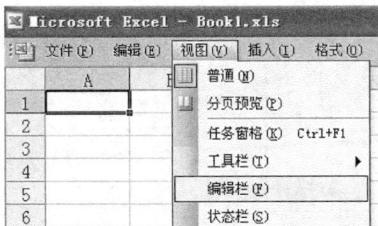

图 4-8 选择"视图"→"编辑栏"

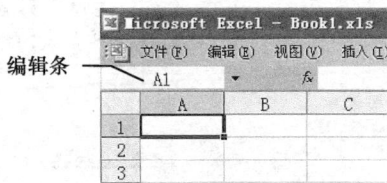

图 4-9 显现编辑条

完成以上操作后，即可见表中已选定了区域 B2：D4，并且在编辑条的左方可见选定区域的名称"试命名"，如图 4-11 所示。

图 4-10 选择名称"试命名"

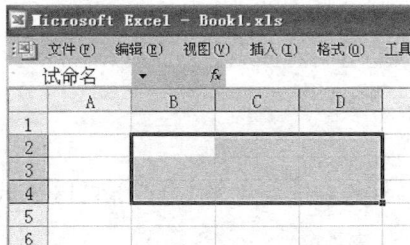

图 4-11 通过选区域名选定区域

前面我们已经看到如何通过人机对话方式给区域命名。那么，又如何用程序给区域命名呢？

上述给区域 B2：D4 命名，可以用代码

```
ActiveWorkbook.Names.Add Name:="试命名", RefersToR1C1:= Range(Cells(2, 2),
Cells(4, 4))
```

实现。

顺便指出，在这里看到，给区域命名用代码仅一行，而通过人机对话要进行多步操作。代码方式有连续完成多项任务、运行速度快、一旦设计好不会出错的特点，可以提高系统的自动化程度。

现在来解决自动选定包含最新记录的数据区域问题。在模块表上编写选定包含最新记录的区域示例宏，代码如下：

```
Sub 选定包含最新记录的区域示例()
    x = 1
    Do While Not (IsEmpty(Sheets("销售记录").Cells(x, 1).Value))
      x = x + 1
    Loop
    '确定销售记录的末行数
    ActiveWorkbook.Names.Add Name:="Jlk", RefersToR1C1:=Range(Cells(1, 2),
    Cells(x - 1, 3))
    '给销售记录区域Range(Cells(1, 2), Cells(x - 1, 3))命名为Jlk
    Range("Jlk").Select
    '选定Jlk区域
End Sub
```

只要执行选定包含最新记录的区域示例宏，即可自动选定数据区域，如图 4-12 所示。

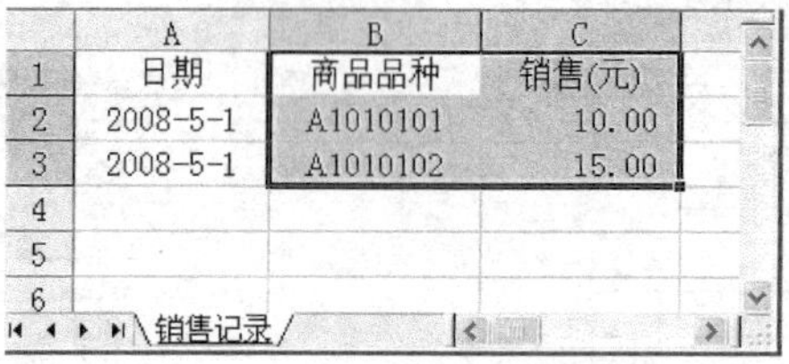

图 4-12　自动选定数据区域示例

在图 4-12 中选定的区域是 Range(Cells(1, 2), Cells(x - 1, 3))，如果要修改选定的区域，只需修改命名代码中的区域就行了。例如，欲自动选定区域 Range(Cells(1, 1), Cells(x - 1, 3))，将命名代码改为

```
ActiveWorkbook.Names.Add Name:="Jlk", RefersToR1C1:= Range(Cells(1, 1),
Cells(x - 1, 3))
```

即可。

注意在选定包含最新记录的区域示例宏中，我们先通过代码

```
ActiveWorkbook.Names.Add Name:="Jlk", RefersToR1C1:= Range(Cells(1, 2),
Cells(x - 1, 3))
```

将欲选定的区域命名为 "Jlk"，再选定区域。对 Range(Cells(1, 2), Cells(x - 1, 3))区域命名的好处是，如果要指定 Range(Cells(1, 2), Cells(x - 1, 3))区域，只需指定其名字 Jlk 即可，简单方便。事实上，代码

```
Range("Jlk").Select
```

就是这样做的。

给区域命名的另一个重要作用是，如果区域是变动的，在有些情况下指定区域必须对区域命名，然后在指定区域时使用区域的名称。

例如，"销售记录"工作表的销售记录数据应当完整，在数据库区域不应出现空的单元格。可以用宏"计算区域空格数"来检查是否存在空的单元格。

```
Sub 计算区域空格数()
    x = 1
    Do While Not (IsEmpty(Sheets("销售记录").Cells(x, 1).Value))
        x = x + 1
    Loop
    ActiveWorkbook.Names.Add Name:="Jlk", RefersToR1C1:= Range(Cells(1, 2),
Cells(x - 1, 3))
    Cells(1, 5) = "=COUNTBLANK(Jlk)"
     '将公式"=COUNTBLANK(Jlk)"插入 Cells(1, 5)单元格,计算 Jlk 区域的空格数
End Sub
```

这时，代码 Cells(1, 5) = "=COUNTBLANK(Jlk)"中区域名称 Jlk 是不能用区域 Range (Cells(1, 2), Cells(x - 1, 3))替代的，读者不妨一试。

执行计算区域空格数宏，在单元格 Cells(1, 5)中插入公式 "=COUNTBLANK(Jlk)"，并显现所选区域的空格数，如图 4-13、图 4-14 所示。

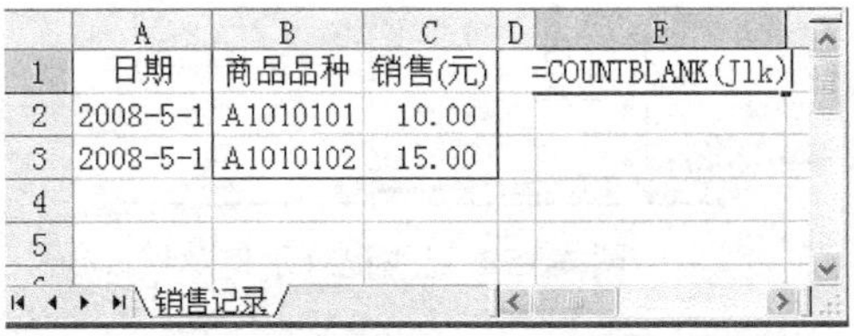

图 4-13　用代码输入的计算区域空格数公式

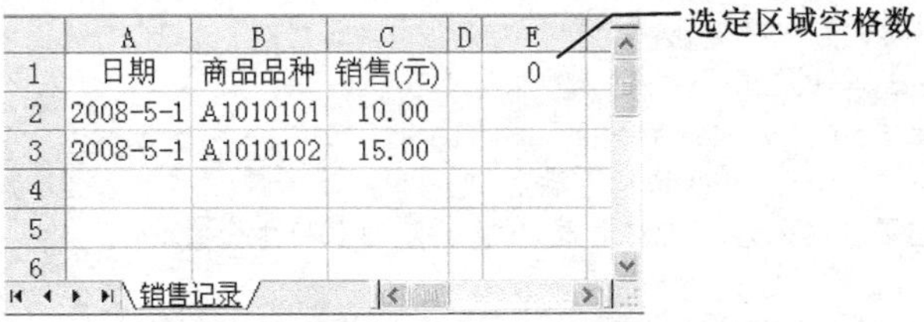

图 4-14　执行计算区域空格数宏结果

从图 4-14 中的计算结果看，选定区域的空格数为 0，即选定的销售记录数据区域不存在空的单元格。

给变动区域命名是系统数据处理的一项重要技术，但读者可能困惑怎么知道其代码是这样编写的。事实上，这里给变动区域命名的关键代码是采用"录制"方法得来的。

按前面通过人机对话方式对 Book1 工作簿的 Sheet1 工作表中的 B2：D4 区域命名步骤，采用"录制"方法可以得到代码

```
Range("B2:D4").Select
ActiveWorkbook.Names.Add Name:="试命名", RefersToR1C1:="=Sheet1!R2C2:R4C4"
```

这一代码可以改写为

```
ActiveWorkbook.Names.Add Name:="试命名", RefersToR1C1:=Range(Cells(2, 2),
Cells(4, 4))
```

改写的目的是单元格换为坐标可以用变量表示的方式。

这样，我们就知道代码

```
ActiveWorkbook.Names.Add Name:="Jlk", RefersToR1C1:=Range(Cells(1, 2),
Cells(x - 1, 3))
```

该怎样写了。

VBA 可以用"录制"的方式产生系统关键代码，这一点对编程的意义在这里读者是否有一点体会了。

4.3.3 查找某一记录

在用 Excel 管理数据时，经常需要自动查找某一记录。如图 4-15 所示，假定要在"名单"工作表的姓名栏（A 列）查找是否有张三，若有就选定张三，可用下面的宏实现。

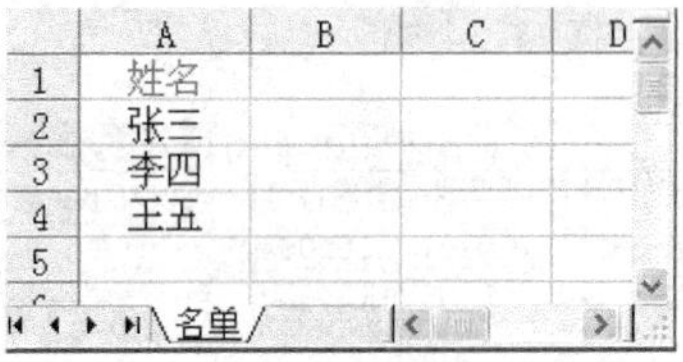

图 4-15　查找记录示例

```
Sub 查找某一记录示例()
    Dim xm As String
    '定义 xm 为字符变量
    Found = False
    '设定 Found 为 False
    xm = InputBox("请输入姓名:")
    '弹出要求输入姓名的对话框,输入姓名后赋值于变量 xm
    x = 1
    Do While Not (IsEmpty(Sheets("名单").Cells(x, 1).Value))
        x = x + 1
    Loop
    '以上 4 行代码确定"名单"工作表第 1 列从第 1 行起到第 1 个空行的行数 x
    For t = 2 To x - 1
        If xm = Sheets("名单").Cells(t, 1) Then
            Found = True
            Exit For
        End If
    Next t
    '以上 6 行代码,在"名单"工作表第 1 列从第 2 行起到 x-1 行查找输入的姓名。如果找到了,Found
就由 False 变成 True
    If Found = False Then
```

```
    MsgBox "查无此人！"
    '执行以上 2 行程序,如果未找到输入的姓名(Found 仍为 False),弹出"查无此人!"对话框,确
    定后,执行以下程序
Else
    Cells(t, 1).Select
    '如果找到输入的姓名就选定它
End If
End Sub
```

执行上面的宏,在弹出的要求输入姓名的对话框中输入"张三",即可自动查找,找到了就选定它,没有找到弹出"查无此人"的对话框提示。

程序中代码

```
For t = 2 To x - 1
    If xm = Sheets("名单").Cells(t, 1) Then
        Found = True
        Exit For
    End If
Next t
```

为一组计数式循环语句,在程序中利用它查找系统事先设定的人员。执行时,通过在条件语句中设置的条件 xm = Sheets("名单").Cells(t, 1),将 xm 的值与 Sheets("名单").Cells(t, 1)的值(第 1 次循环 t = 2)逐一进行比对。即首先判断"名单"工作表第 1 列第 2 行单元格值是否为输入的姓名,如果是,Found 就由事先设定的 False 变成 True,并停止循环;否则,接着判断第 1 列第 3 行单元格值是否为输入的姓名,如果是,Found 就由事先设定的 False 变成 True,并停止循环,如此循环。如果到记录的最后一个单元格,即第 1 列第 x - 1 行单元格仍未找到输入的姓名,那么结束循环。这时,Found 仍为 False。

4.3.4　工作表数据的自动结转

当我们需要将一个工作表的数据自动结转到另一个工作表时,如用程序将分散的记录按一定要求集中起来形成一个记录数据库以便进行数据处理,可用下面的方法实现。

如图 4-16 所示是 2.2 节在"会计核算系统"文件"凭证"工作表上设计的记账凭证格式,并假定在同一文件"凭证库"工作表上设计的会计分录簿格式如图 4-17 所示。

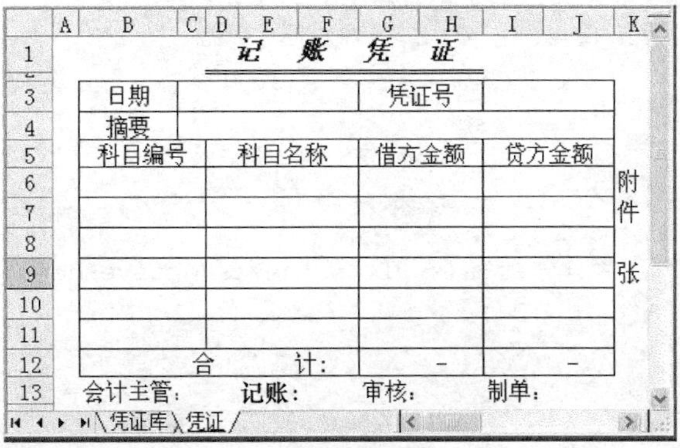

图 4-16　记账凭证格式

图 4-17 会计分录簿格式

　　假定欲将"凭证"工作表记账凭证中的"日期"、"摘要"等数据转入"凭证库"工作表的相应栏目，以便进行数据汇总等处理，可设计如下的宏：

```
Sub 记账凭证栏目数据转入凭证库()
    x = 4
    Do While Not (IsEmpty(Sheets("凭证库").Cells(x, 1).Value))
       x = x + 1
    Loop
    '执行以上4行程序,确定"凭证库"工作表第1列从第4行起到第1个空行的行数x
    z = 6
    Do While Not (IsEmpty(Sheets(ActiveSheet.Name).Cells(z, 2).Value))
       z = z + 1
    Loop
    '执行以上4行程序,确定当前工作表(即当前记账凭证)第2列从第6行起到第1个空行的行数z.
    For y = 6 To z - 1
       Sheets("凭证库").Cells(x, 1) = Sheets(ActiveSheet.Name).Cells(3, 3)
       '将当前工作表坐标为(3,3)的单元格内容(即记账凭证"日期")转入"凭证库"工作表坐标为
       (x, 1) 的单元格(即"凭证库"工作表的"日期"栏)
       Sheets("凭证库").Cells(x, 2) = Sheets(ActiveSheet.Name).Cells(3, 9)
       Sheets("凭证库").Cells(x, 3) = Sheets(ActiveSheet.Name).Cells(4, 3)
       Sheets("凭证库").Cells(x, 4) = Sheets(ActiveSheet.Name).Cells(y, 2)
       Sheets("凭证库").Cells(x, 5) = Sheets(ActiveSheet.Name).Cells(y, 4)
       Sheets("凭证库").Cells(x, 6) = Sheets(ActiveSheet.Name).Cells(y, 7)
       Sheets("凭证库").Cells(x, 7) = Sheets(ActiveSheet.Name).Cells(y, 9)
       x = x + 1
    Next y
    '以上10行程序,将当前工作表(即当前记账凭证)坐标为(3,3)的单元格内容(即日期)、坐标为
    (3,9)的单元格内容(即凭证号)、坐标为(4,3)的单元格内容(即摘要)、坐标为(y, 2)的单元
    格内容(即科目编号)、坐标为(y, 4)的单元格内容(即科目名称)、坐标为(y, 7)的单元格内容
    (即借方金额)和坐标为(y, 9)的单元格内容(即贷方金额)分别转入"凭证库"工作表从第4行
    起到第1个空行的第1、2、3、4、5、6和7列单元格
End Sub
```

程序

```
 For y = 6 To z - 1
    Sheets("凭证库").Cells(x, 1) = Sheets(ActiveSheet.Name).Cells(3, 3)
    …
 Next y
```

的循环方式如下。

　　第一次循环，y=6，按以下步骤进行。

（1）将当前工作表坐标为(3, 3)的单元格的值（即记账凭证的“日期”）转入“凭证库”工作表中坐标为（x，1）的单元格（即凭证库“日期”栏的第一个空行 x 单元格）。

（2）将当前工作表坐标为(3, 9)的单元格的值（即记账凭证的“凭证号”）转入“凭证库”工作表中坐标为（x，2）的单元格（即凭证库“凭证号”栏的第一个空行 x 单元格）。

……

（7）将当前工作表坐标为(6, 9)的单元格的值（即记账凭证的贷方金额）转入“凭证库”工作表中坐标为（x，7）的单元格（即凭证库“贷方金额”栏的第一个空行 x 单元格）。

第二次循环，重复第一次循环的七个步骤。不过，y = 7，凭证记录转入“凭证库”工作表时，单元格行数在 x 上增加 1，即第二次循环转入“凭证库”工作表的记录紧接第一次循环转入的记录。

第三次循环，y = 8，凭证记录转入“凭证库”工作表时，单元格行数在 x = x + 1 上再增加 1，即第三次循环转入“凭证库”工作表的记录紧接第二次循环转入的记录。

如此进行，直到 y = z – 1 将凭证记录全部转入“凭证库”工作表时循环结束。

现在我们来回答，在 2.2 节记账凭证格式设计中，为什么 C12 合并单元格仅合并了 C12：F12 区域，而不将 B12 单元格合并在一起。这是为了保证 B12 单元格始终为空，这样循环最多进行到 y = z – 1=12 – 1=11（记账凭证记录最多可能达到的一行）即终止，否则会出错。

设在“凭证”工作表记账凭证中输入了“日期”、“摘要”等数据，如图 4-18 所示。

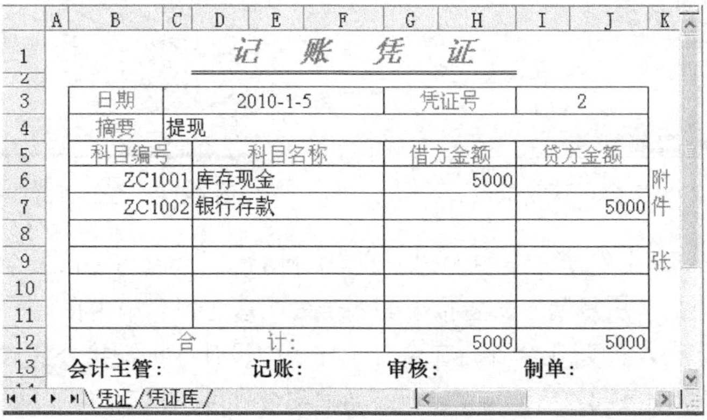

	A	B	C	D	E	F	G	H	I	J	K
1			记 账 凭 证								
3		日期	2010-1-5				凭证号		2		
4		摘要	提现								
5		科目编号	科目名称				借方金额		贷方金额		
6		ZC1001	库存现金				5000				附
7		ZC1002	银行存款						5000		件
8											
9											张
10											
11											
12		合 计:					5000		5000		
13		会计主管:		记账:			审核:		制单:		

凭证 / 凭证库

图 4-18 输入数据的记账凭证

执行“记账凭证栏目数据转入凭证库”宏，数据结转结果如图 4-19 所示。

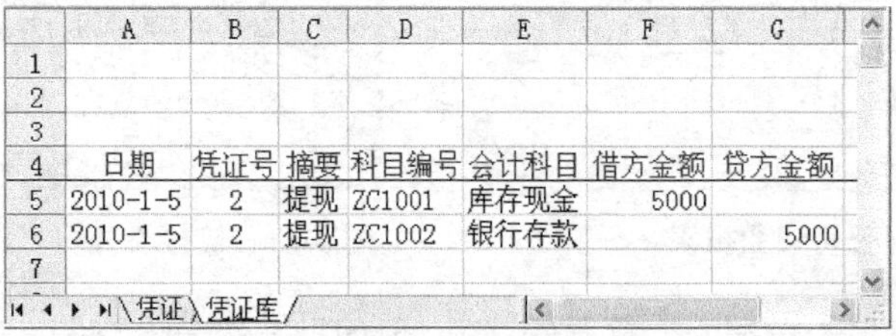

	A	B	C	D	E	F	G
1							
2							
3							
4	日期	凭证号	摘要	科目编号	会计科目	借方金额	贷方金额
5	2010-1-5	2	提现	ZC1001	库存现金	5000	
6	2010-1-5	2	提现	ZC1002	银行存款		5000
7							

凭证 / 凭证库

图 4-19 记账凭证数据转入凭证库

应当注意的是，执行“记账凭证栏目数据转入凭证库”宏时，当前工作表应是“凭证”

工作表。可以将代码 Sheets("凭证库").Cells(x, 1) = Sheets(ActiveSheet.Name).Cells(3, 3)等中的 Sheets(ActiveSheet.Name)改为 Sheets("凭证")，即指定凭证工作表数据向凭证库工作表结转。这样，即使当前工作表不是“凭证”工作表，也可以实现凭证数据的结转。

4.3.5 多表操作

在利用 Excel 管理会计信息时，有时需要同时对多个工作表上的数据进行操作，如汇总集团公司下的子公司通过计算机网络报来的营业报表。有时又需要面对这样的情况，有若干工作表，需要先对一张工作表上的数据进行处理，再第二张、第三张……每隔一段时间就要重复这一工作。同时对多个工作表或顺次对若干工作表进行数据处理，我们称之为“多表操作”。多表操作的关键在于如何选定每张工作表。选定每张工作表，当然可以一一单击每张工作表的表签，但显然这样做效率不高，可以用 VBA 循环语句解决这一问题。

1．单一工作簿的多表操作

如果工作表比较少，可以 Excel 工作表数据的链接方式解决多表汇总等问题。下面举例说明。

假定某集团公司下有甲、乙和丙三个子公司，通过计算机网络报来的营业报表如图 4-20、图 4-21 和图 4-22 所示。

	A	B	C
1	商品品种	金额(万元)	
2	奶粉A	20	
3	奶粉B	15	
4	奶粉C	18	
5			

甲公司

图 4-20　甲公司营业报表

	A	B	C
1	商品品种	金额(万元)	
2	奶粉A	17	
3	奶粉B	12	
4	奶粉C	8	
5			

乙公司

图 4-21　乙公司营业报表

新建立一个 Excel 工作簿，命名为“子公司营业合计”，再选定该工作簿的一张工作表，命名为“合计”。然后，用复制方式将报来的各子公司营业报表集中在“子公司营业合计”工作簿中。若需求奶粉 A 的营业合计，在合计工作表中设计数据链接公式“=甲公司!B2+乙公司!B2+丙公司!B2”，如图 4-23 所示（其他商品求和公式可用自动填充方式完成）。

计算结果如图 4-24 所示。

	A	B	C
1	商品品种	金额(万元)	
2	奶粉A	23	
3	奶粉B	16	
4	奶粉C	14	
5			

丙公司

图 4-22　丙公司营业报表

子公司营业合计

	A	B
1	商品品种	金额(万元)
2	奶粉A	=甲公司!B2+乙公司!B2+丙公司!B2
3	奶粉B	
4	奶粉C	
5		

合计 / 甲公司 / 乙公司 / 丙公司

图 4-23　链接方式多表汇总公式设置

以链接方式实现多表数据的汇总方便直观，但如果工作表比较多，公式设置就比较冗繁，这时可用 VBA 循环语句进行控制。

沿用前例资料，现在利用宏求奶粉 A 的合计。为了让读者体会 VBA 循环语句的意义，我们先不应用 VBA 循环语句来完成任务。

在子公司营业合计工作簿中选定一张工作表，命名为“奶粉 A 合计”，并设计数据格式如图 4-25 所示。

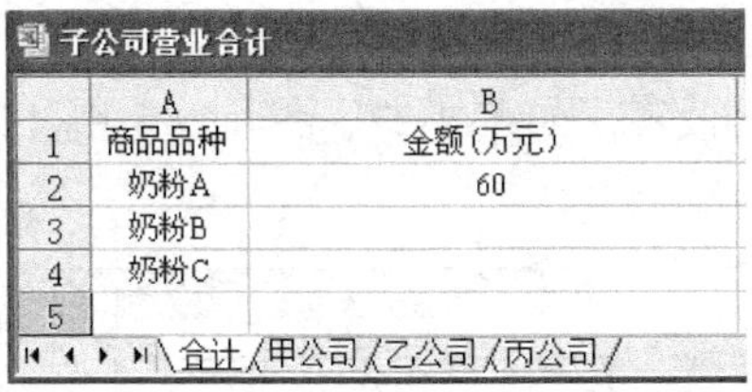

子公司营业合计

	A	B
1	商品品种	金额(万元)
2	奶粉A	60
3	奶粉B	
4	奶粉C	
5		

合计 / 甲公司 / 乙公司 / 丙公司

图 4-24　链接方式多表汇总结果

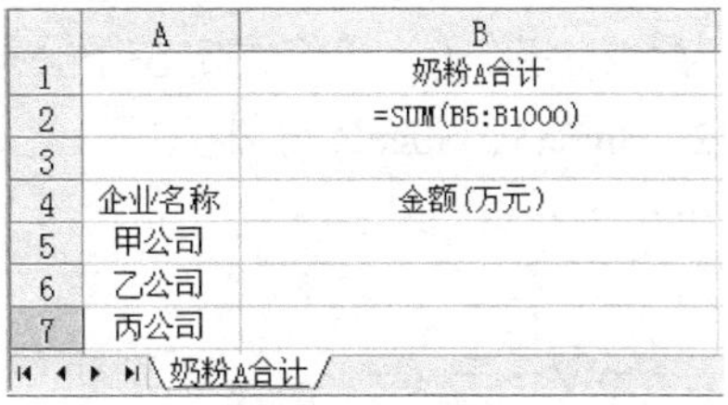

	A	B
1		奶粉A合计
2		=SUM(B5:B1000)
3		
4	企业名称	金额(万元)
5	甲公司	
6	乙公司	
7	丙公司	

奶粉A合计

图 4-25　奶粉 A 合计数据表格

在模块表上编写一个计算奶粉 A 合计宏，代码如下：

```
Sub 计算奶粉 A 合计()
    Sheets("甲公司").Select
    Range("B2").Copy
    Sheets("奶粉 A 合计").Select
    x = 4
    Do While Not (IsEmpty(Cells(x, 2)))
        x = x + 1
    Loop
    Cells(x, 2).Select
    ActiveSheet.Paste
    '以上 9 行代码将甲公司奶粉 A 的销售金额以复制方式转到奶粉 A 合计工作表
    Sheets("乙公司").Select
    Range("B2").Copy
    Sheets("奶粉 A 合计").Select
    x = 4
    Do While Not (IsEmpty(Cells(x, 2)))
        x = x + 1
    Loop
    Cells(x, 2).Select
    ActiveSheet.Paste
    Sheets("丙公司").Select
    Range("B2").Copy
    Sheets("奶粉 A 合计").Select
    x = 4
    Do While Not (IsEmpty(Cells(x, 2)))
        x = x + 1
    Loop
    Cells(x, 2).Select
    ActiveSheet.Paste
End Sub
```

执行计算奶粉 A 合计宏结果如图 4-26 所示。

从图 4-26 中可以看出，计算结果与链接方式相同。

计算奶粉 A 合计宏的设计思路是，将各子公司奶粉 A 的销售金额从不同工作表集中到同一张工作表上，然后求合计。具体步骤为，先选定甲公司工作表，将奶粉 A 的销售金额复制到奶粉 A 合计工作表金额栏甲公司对应的单元格，再顺次选定乙公司、丙公司工作表复制。

如果子公司较多，用宏汇总比较方便，避免了链接方式公式设置复杂的问题。但是，从计算奶粉 A 合计宏可以看到，每复制一次数据就要编写一段类似的代码，宏代码显得冗长，这一问题可利用 VBA 的循环语句解决。

为了方便循环，我们约定在子公司营业合计工作簿的 Sheet1 上求奶粉 A 的合计，而Sheet2、Sheet3、Sheet4 分别为甲、乙和丙公司的营业报表，如图 4-27、图 4-28、图 4-29 和图 4-30 所示。

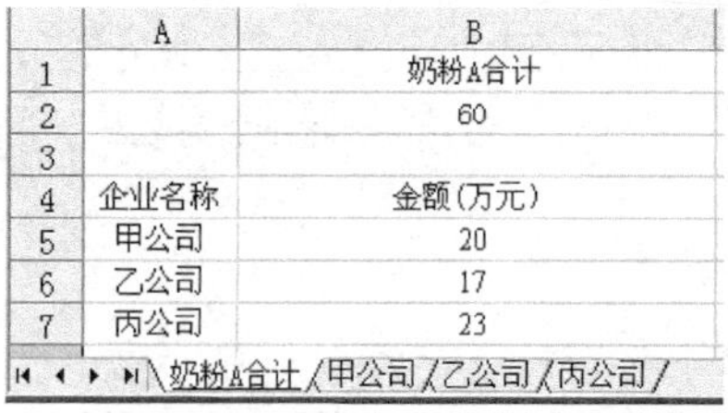

图 4-26　执行计算奶粉 A 合计宏结果 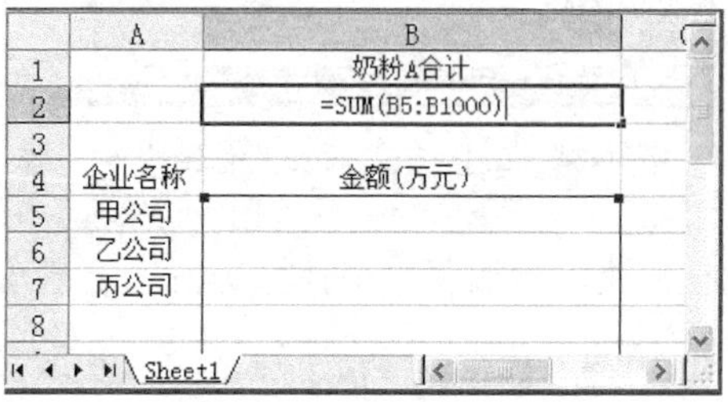　　　　图 4-27　Sheet1 数据表格

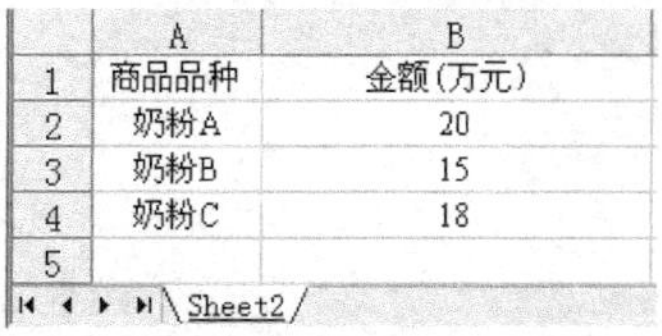

图 4-28　Sheet2 甲公司营业报表 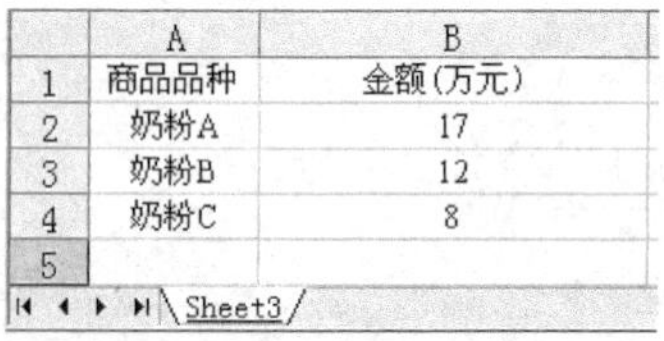　　图 4-29　Sheet3 乙公司营业报表 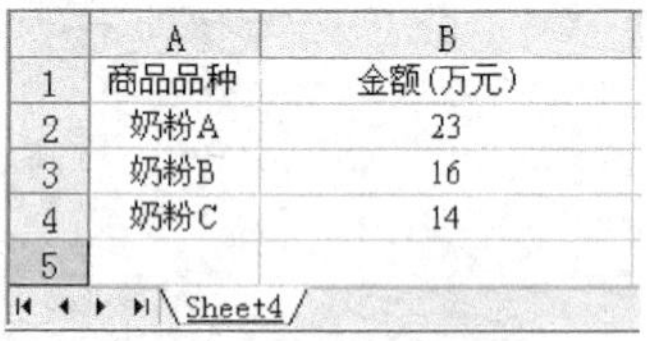　　图 4-30　Sheet4 丙公司营业报表

为避免出错，可以建立如下工作表反映内容备查表以备查，如表 4-1 所示。

表 4-1　工作表反映内容备查表

工作表表名	工作表反映内容
Sheet1	计算奶粉 A 合计
Sheet2	甲公司营业报表
Sheet3	乙公司营业报表
Sheet4	丙公司营业报表

在模块表上编写一个下面的宏。

```
Sub 计算奶粉A合计()
    x = 1
    For t = 1 To 3
      x = x + 1
      Sheets(x).Select
      Range("B2").Copy
      Sheets("Sheet1").Select
      y = 4
      Do While Not (IsEmpty(Cells(y, 2)))
         y = y + 1
      Loop
      Cells(y, 2).Select
      ActiveSheet.Paste
```

```
        Next t
End Sub
```

执行该宏的结果如图 4-31 所示。

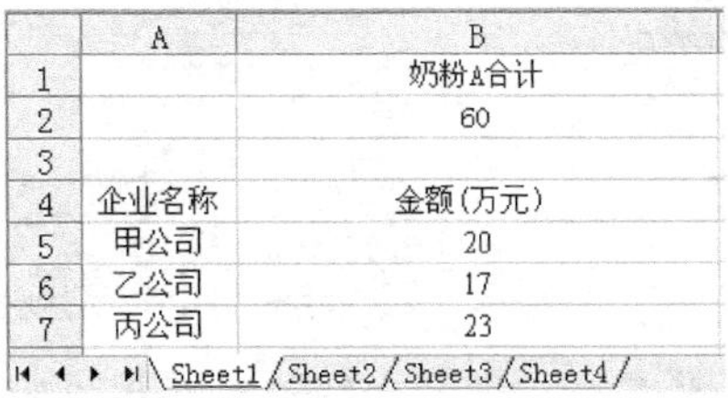

	A	B
1		奶粉A合计
2		60
3		
4	企业名称	金额(万元)
5	甲公司	20
6	乙公司	17
7	丙公司	23

图 4-31　执行循环方式编写的计算奶粉 A 合计宏结果

从图 4-31 中可以看出，执行结果与图 4-26 相同。

程序中的代码 Sheets(x).Select 的意义为如果变量 x 的值是 1，那么就选定 Sheet1；如果变量 x 的值是 2，那么就选定 Sheet2……由于表名 Sheets(x)中的 x 是变量，故可以通过循环语句选定每张工作表。这样，多表操作的关键问题——自动选定每张工作表得到解决。使用代码 Sheets(x).Select 需要注意的是，Excel 的工作表名，如 Sheet1、Sheet2 等，不要改动，否则容易出错。

比较一下前后两个计算奶粉 A 合计宏，两者在设计思路上是相同的，只不过后者利用了 VBA 循环语句。示例中需要汇总的工作表是三张，当工作表更多时，只需要修改增加循环语句的循环次数即可，代码简洁，显然更优化。

应当注意的是，用 VBA 循环语句实现多表操作，每张工作表上的操作必须是重复进行着同样的工作，只是对不同的工作表而已。这一点从“计算奶粉 A 合计”宏的代码可以看出。如果每张工作表上的操作不同，同样可以用代码实现多表操作，但宏的设计只能像未使用循环语句的“计算奶粉 A 合计”宏那样，分别选定工作表进行操作。

2．多工作簿的多表操作

通常，从子公司报来的营业报表是以不同的工作簿形式存在的，而不是存在于一个工作簿的不同工作表中。当需要对集团公司某一产品的营业额做统计时，就需要把每个公司的报表依次打开，并将数据复制到一个工作簿中。当子公司较多时这样做显然会很麻烦。下面介绍无需打开子公司报表，当然也无需将子公司报表数据复制到一个工作簿中，直接进行多工作簿的多表操作方法。我们仍以前面示例的数据处理为例。

假设各子公司的营业报表工作簿存于 D 盘“子公司营业报表”文件夹，各子公司的营业报表工作簿名称为 company1、company2、company3，营业报表的格式相同，并均默认存入 Sheet1 工作表中，如图 4-32、图 4-33 和图 4-34 所示。

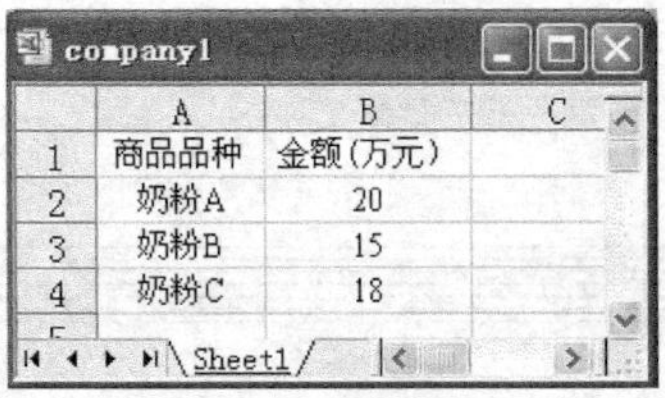

	A	B	C
1	商品品种	金额(万元)	
2	奶粉A	20	
3	奶粉B	15	
4	奶粉C	18	

图 4-32　company1 营业报表

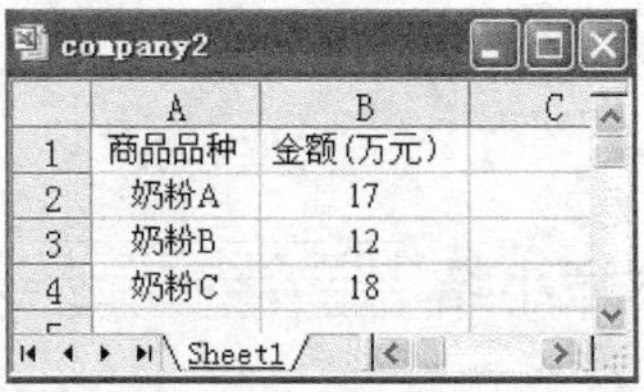

	A	B	C
1	商品品种	金额(万元)	
2	奶粉A	17	
3	奶粉B	12	
4	奶粉C	18	

图 4-33　company2 营业报表

（1）用公式直接调用文件中数据。

为了计算子公司营业合计数，在 D 盘“子公司营业报表”文件夹中新建一个工作簿，选定一张工作表，并设计格式如图 4-35 所示。

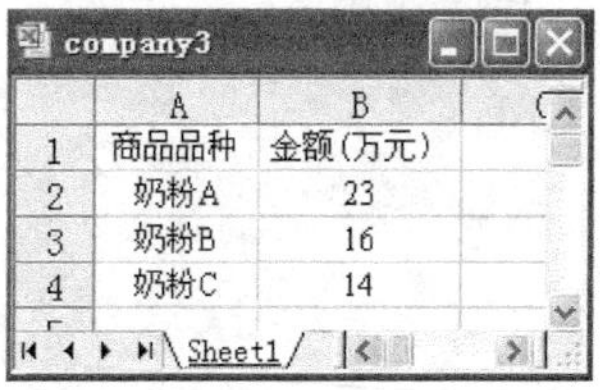

	A	B
1	商品品种	金额(万元)
2	奶粉A	23
3	奶粉B	16
4	奶粉C	14

图 4-34　company3 营业报表

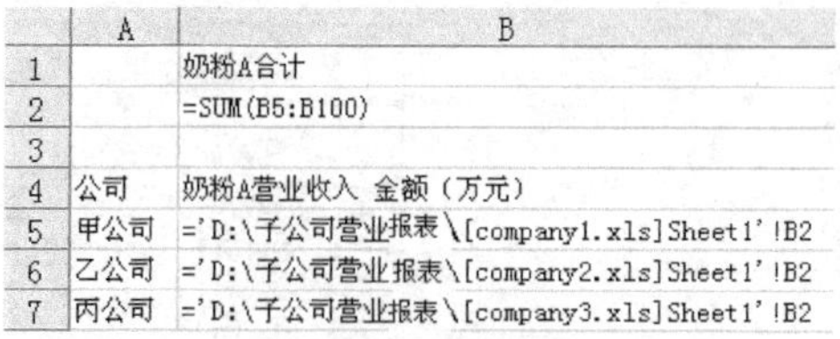

	A	B
1		奶粉A合计
2		=SUM(B5:B100)
3		
4	公司	奶粉A营业收入 金额（万元）
5	甲公司	='D:\子公司营业报表\[company1.xls]Sheet1'!B2
6	乙公司	='D:\子公司营业报表\[company2.xls]Sheet1'!B2
7	丙公司	='D:\子公司营业报表\[company3.xls]Sheet1'!B2

图 4-35　调用其他工作簿数据公式设置

这样，无需打开子公司营业报表工作簿便可直接计算出奶粉 A 的合计数。应注意正确输入公式的文件路径、文件名、工作表名和数据栏。

（2）使用 VBA 循环语句。

如果文件较多，采用公式调用不同文件数据公式设置就会很多，这时可采用 VBA 循环语句来实现。

在模块表上编写一个下面的宏。

```
Sub 子公司营业合计()
    For i = 1 To 3
      Sheets(ActiveSheet.Name).Cells(4 + i, 2).FormulaR1C1 = "=' D:\子公司营
      业报表\[company" & i & ".xls]Sheet1'!R[" & (-2 - i) & "]C"
    Next i
    '以上 3 行代码,循环调用 D 盘"子公司营业报表"文件夹中 company1、company2、company3
    文件的 Sheet1 工作表 B2 单元格中的数据,并从当前工作表 B5 单元格开始向下依次列出
 End Sub
```

假定当前工作表的格式设计如图 4-35 所示（未设计调用其他工作簿数据公式），执行该宏即得到奶粉 A 的合计数。当文件较多时，修改宏中的循环次数即可。

在子公司营业合计宏中，读者可调整代码 R["& (-2 - i) & "]C 中 R 和 C 的参数观察，如此设置参数填充的公式刚好引用 B2 单元格数据。R[" & (-2 - i) & "]C 可改写为 R2C2，公式中 B2 则变为$B$2。

用 VBA 循环语句实现多工作簿的多表操作设计优化，但应注意以下几点。

- 需要在代码中指定文件夹路径。
- 文件命名要以英文开头数字结尾，数字应按顺序排列且连续。示例中，甲公司为 company1，乙公司为 company2……以此类推。如果工作簿名称 company(i)中的 i 不按 1、2、3 顺序标注，循环就会在断点处结束。
- 每个公司营业报表是统一的，并且所需数据都是存入相同的表格中。示例中，奶粉 A 的营业收入均存入 Sheet1 的 B2 栏中。

本章小结

本章重点介绍了 VBA 编程的一些关键技术，在后面章节建立的系统中读者会看到这些技

术的重要作用。

在本章我们加深了代码可以提高系统自动化程度的认识，当然从多表操作的示例中我们看到程序也有一个优化的问题。

再次建议读者验证所列举的示例，采用设置断点等方法逐一分析示例中的程序代码。读者可以修改程序中的一些参数，如循环的初始值，观察程序执行结果的变化。也可以尝试删除您认为不明白作用的代码，看一看会出现什么问题。这样，您会逐渐加深对 VBA 语言的体会，并享受编程的乐趣。

思考与练习题

1.（1）如何用代码自动确定记录的末行数？

（2）在图 4-3 某商场销售记录的第 2 行和第 3 行之间插入两行空行，执行确定记录末行数示例宏，观察执行结果。

（3）如果改变代码

```
x = 1
Do While Not (IsEmpty(Sheets("销售记录").Cells(x, 1).Value))
    x = x + 1
Loop
```

中 x = 1 或 Cells(x, 1)中的阿拉伯数字（如改为 5），对确定图 4-3 销售记录的末行数有何影响？试作一试验。

2. 按 4.3.2 节人机对话对 Book1 工作簿的 Sheet1 工作表中的 B2: D4 区域命名步骤，用录制方式产生代码，并修改为

```
ActiveWorkbook.Names.Add Name:="试命名", RefersToR1C1:=Range(Cells(2, 2),
Cells(4, 4))
```

再执行宏观察结果。

3.（1）在"查找某一记录示例"宏中，是以什么方式实现自动查找记录的？

（2）在"查找某一记录示例"宏代码

```
Found = False
...
For t = 2 To x - 1
    If xm = Sheets("名单").Cells(t, 1) Then
        Found = True
        Exit For
    End If
Next t
```

中，可否事先将 Found = False 设定为 Found = True？如果这样，哪些代码应相应变动？试作一试验。

4.（1）在 2.2.4 节记账凭证格式设计中让 B12 为空，对记账凭证栏目数据转入凭证库宏的设计有何意义？

（2）在 2.2.2 节记账凭证格式中，试将 B12:F12 合并为一个单元格（即让 B12 不空）。然后，填制一张记录行数为 6 行的凭证，执行记账凭证栏目数据转入凭证库宏观察结果。

5. 再次注意将记账凭证栏目数据转入凭证库宏：

（1）在宏的循环语句中有三个变量 x、y 和 z，它们分别起着什么作用？试将 x、y 和 z 统一改成一个变量 x，执行宏观察会出现什么问题。

（2）删去代码

```
For y = 6 To z - 1
    Sheets("凭证库").Cells(x, 1) = Sheets(ActiveSheet.Name).Cells(3, 3)
    …
    Sheets("凭证库").Cells(x, 7) = Sheets(ActiveSheet.Name).Cells(y, 9)
    x = x + 1
 Next y
```

中的 x = x + 1，再执行宏观察结果有什么变化。

6. 怎样用代码选定表名为变量的工作表？

7. 怎样实现不打开文件直接进行多工作簿的多表操作？

第 5 章　VBA 自定义函数、窗体及设计技巧

本章要点：

- VBA 自定义函数的设置及更新自定义函数值的技巧；
- VBA 窗体设计。

在实际操作中，信息管理的情况比较复杂，各个企业对信息管理的需求千差万别，而商用软件一般要考虑通用性，不可能符合每个企业的要求。为了解决这一问题，有的商用软件留下了自定义功能，用户可以在其基础上自行设计一些具有特殊作用的功能。

例如，Excel 提供了丰富实用的函数，如求和函数 SUM、条件函数 IF。但是，有时我们有一些特殊需要，这些函数仍不能满足，这时可以自行定义一个具有特殊功能的函数，即自定义函数。

我们也可以设计自己的对话框，用人机对话方式方便地控制设计的应用系统。VBA 窗体即是 Excel 为用户提供的设计对话框的工具。

5.1　VBA 自定义函数设置及更新函数值的技巧

VBA 自定义函数的设置与宏的设计一样，也是在模块表上编写程序，但两者在格式与应用上又有所不同。

5.1.1　设置自定义函数

设置自定义函数，只需在编写宏代码的模块表上编写格式如下的函数程序即可：

```
Function 函数名(变量)
...
End function
```

自定义函数一旦设置，可以像 Excel 的内置函数一样使用。

下面通过两个示例说明如何设置自定义函数。

1．自动产生科目名称

在 2.2.4 节记账凭证格式设计中定义函数时，我们曾经提到可以通过定义一个 Excel 自定义函数 km 来实现输入科目编号后自动产生科目名称。现在即介绍自定义函数 km 的设计。

假定在"会计核算系统"工作簿设置了"会计科目表"工作表，并录入了科目编号和科目名称，如图 5-1 所示。

在系统模块表上编写自定义函数 km，代码为：

	A	B
1	科目编号	科目名称
2	ZC1001	库存现金
3	ZC1002	银行存款
4	ZC1601	固定资产
5	ZC1602	累计折旧
6	FZ2001	短期借款
7	SQ4001	实收资本

图 5-1 "会计科目表"工作表

```
Function km(科目编号)
'Function km(科目编号)表示这是一个名称为 km 的函数,变量为"科目编号"
    Found = False
    '设定 Found 为 False
    If 科目编号 = "" Then
       km = ""
       '执行以上 2 行程序,如果科目编号为空,即用户未输入科目编号,那么 km 函数值为空
    Else
    '否则,执行以下程序
      x = 1
      Do While Not (IsEmpty(Sheets("会计科目表").Cells(x, 1).Value))
          x = x + 1
      Loop
      For t = 2 To x - 1
          If 科目编号 = Sheets("会计科目表").Cells(t, 1) Then
              Found = True
              Exit For
          End If
      Next t
      '以上 10 行代码在"会计科目表"工作表的第 1 列查找输入的科目编号,如果找到了,Found
      就由 False 变为 True
      If Found = True Then
          km = Sheets("会计科目表").Cells(t, 2)
          'km 会计科目表"工作表坐标为(t, 2)单元格的值,即科目编号对应的科目名称
      Else
          km = "科目编号错"
          'km 函数值为"科目编号错"
      End If
      '执行以上 5 行程序,在"会计科目表"工作表的第 1 列如果找到了输入的科目编号,就显现对
      应的科目名称,否则显现"科目编号错"
    End If
End Function
```

设计完自定义函数 km 后，在记账凭证格式的"科目名称"栏定义自定义函数 km，如图 5-2 所示。

这样，只要在"科目编号"栏输入科目编号，就可以自动产生科目名称了。如输入库存现金的科目编号 ZC1001，即自动产生库存现金字样，如图 5-3 所示。

这里，自定义函数 km 的设计采用了 4.3.3 节"查找某一记录"的技术，但在变量值的获取方式上有所不同。在 4.3.3 节查找某一记录示例宏中，变量 xm 的值是通过 InputBox 函数

以对话方式输入的,而 km 函数的变量值是由函数所在单元格以外的另一个单元格提供的。例如,在图 5-2 的 D6 单元格中设置有函数"=km(B6)",函数的变量值由 B6 提供。

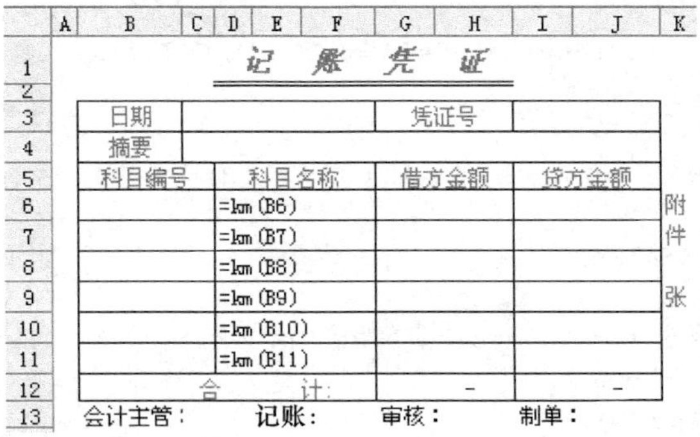

图 5-2 在"科目名称"栏定义自定义函数 km

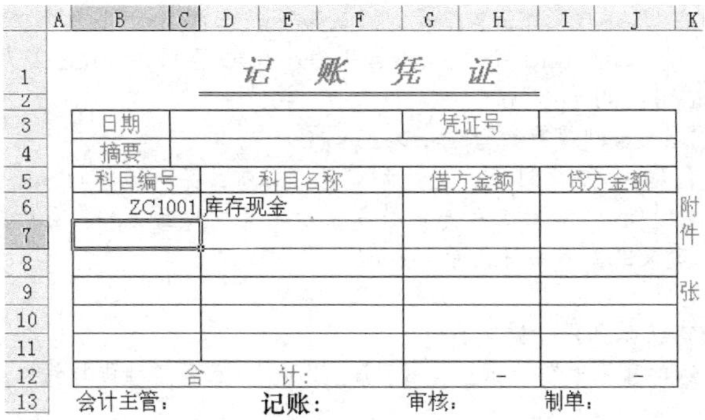

图 5-3 自动产生科目名称

2.定义报表

刚刚进行的 km 函数的设计,使我们实现了在输入科目编号后自动产生科目名称的功能,而在报表定义中,我们将会再次看到自定义函数所起的重要作用。

在 Excel 上方便高效地定义报表是一个难题。例如,假设在 Excel 的一个"存货管理"工作簿的"库存数量"工作表上有如图 5-4 所示的数据。

假定要在"存货管理"工作簿另一命名为"盘存报表"工作表上的 D2 单元格中反映代号为 A10201 的商品库存数量。一般情况是在 D2 单元格中输入公式"=库存数量!B4",或"=库存数量!$B$4"。这种通过建立与原始数据所在单元格的联系来获取报表数据

图 5-4 "库存数量"工作表数据

的方法,在定义报表时由于原始数据所在单元格地址与报表内容无关,因而容易出错。并且,当某一原始数据所在单元格地址变动时,可能导致其他原始数据所在单元格地址相应变动,从而需要很复杂地重新定义报表。这一问题可以通过设置以数据特征为变量的 Excel 自定义函数来解决。

下面沿用前例说明如何设置以数据特征(商品品种代号)为变量的自定义函数定义报表。

在"存货管理"工作簿的模块表上编写如下的 VBA 代码,设置以商品品种代号为变量

的自定义函数 KCSL（KCSL 取"库存数量"拼音的第一个字母）：

```
Function KCSL(商品品种代号)
    x = 1
    Do While Not (IsEmpty(Sheets("库存数量").Cells(x, 1).Value))
        x = x + 1
    Loop
    '以上 4 行代码确定"库存数量"工作表第 1 列从第 1 行起到第 1 个空行的行数 x
    Found = False
    '设定 Found 为 False.
    For t = 2 To x - 1
        If 商品品种代号 = Sheets("库存数量").Cells(t, 1) Then
            Found = True
            Exit For
        End If
    Next t
    '以上 6 行代码在"库存数量"工作表第 1 列从第 2 行起到第 x-1 行查找函数变量所定义的商品
    种代号，如果找到了，Found 就由 False 变为 True;否则,Found 仍为 False
    If Found = True Then
        KCSL = Sheets("库存数量").Cells(t, 2)
        '以上 2 行代码,如果找到了函数变量所定义的商品品种代号(Found = True),那么,函数值
        为由"库存数量"工作表第 2 列与函数变量所定义的商品品种代号所在行决定的单元格值,即
        函数变量所定义的商品品种代号对应的商品库存数量
    Else
        KCSL = "商品品种代号错"
        '如果未找到(Found 仍为 False),那么,显示"商品品种代号错"字样
    End If
End Function
```

然后，在"盘存报表"工作表的 D2 单元格中定义以 A10201 为变量值的自定义函数 KCSL，即输入"=KCSL("A10201")"。回车后，D2 单元格即显现代号为 A10201 的商品库存数量 7 500，如图 5-5、图 5-6 所示。如果输入的商品品种代号不存在，会给出"商品品种代号错"的提示。

图 5-5　在报表上定义自定义函数 KCSL

图 5-6　自定义函数 KCSL 反映数据

注意在图 5-5 中，KCSL 函数的变量值是直接给出的，与上一节 km 函数的变量值由函数所在单元格以外的另一个单元格提供又不一样。在系统设计中，变量值采取哪种方式给出比较好要视实际情况而定。

当然，也可以在"盘存报表"工作表的 D2 单元格中输入 KCSL("A10201")+KCSL("A10202")+KCSL("A10203")"，以反映代号为 A10201、A10202 和 A10203 的商品库存数量之和，或者自定义函数 KCSL 的其他形式，以反映商品库存数量之间的其他关系。事实上，所设置的自定义函数 KCSL 可以在"存货管理"工作簿的任意位置，以符合规则的任何形式方便地进行调用。

前面我们指出，通过建立与原始数据所在单元格的联系来获取报表数据的方法存在以下缺陷。

- 由于原始数据所在单元格地址与报表内容无关，这样在定义报表时容易出错。
- 一旦某一原始数据单元格地址发生变动，可能导致整个报表需要重新定义，以建立报表数据与新的原始数据单元格地址之间的关系。

例如，在图 5-4“库存数量”工作表的商品品种代号“A10102”与“A10201”之间插入一个新的商品品种代号“A10103”（假定库存数量为 200 件），如图 5-7 所示。

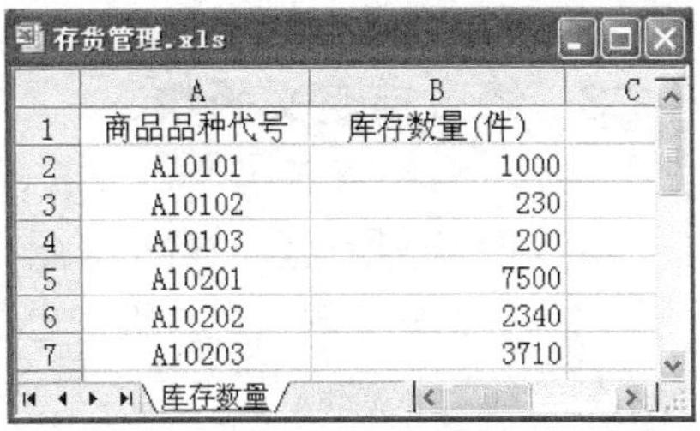

	A	B	C
1	商品品种代号	库存数量(件)	
2	A10101	1000	
3	A10102	230	
4	A10103	200	
5	A10201	7500	
6	A10202	2340	
7	A10203	3710	

图 5-7　插入“A10103”商品后“库存数量”工作表数据

这样，“A10201”商品后的所有商品库存数量的单元格地址均发生了变化，因而与之相对应的报表定义均需重新修改。由于商品品种随时可能发生增删，也就需要相应频繁变动报表定义，这一工作量是很大的。

而现在我们看到，根据数据特征用自定义函数定义报表的方法完全解决了以上问题。从示例中自定义函数 KCSL 的设计可以看出，无论商品品种怎样增删，函数均可自动检索出与商品品种代号相应的库存数量，因而在商品品种代号地址由于增删发生变动时，无需重新定义报表。并且，为了表示该函数反映某商品的库存数量，取“库存数量”拼音的第一个字母为名（给函数 KCSL 贴上了“库存数量”的标签）。至于是哪种商品，以函数定义的商品品种代号来确定。这样，反映库存数量的函数 KCSL 与数据特征（商品品种代号）相联系，因而可以按报表有关内容方便准确地定义报表。

5.1.2　更新自定义函数值

应当注意，自定义函数值不能自动更新，这一点与 Excel 内置函数不同。如将“库存数量”工作表上代号为“A10201”的商品库存数量改为 8 000 后，“盘存报表”工作表上定义了函数“=KCSL("A10201")”的 D2 单元格的数值却不能以新的数值 8 000 替代，仍反映为原来的 7 500。

要解决自定义函数自动更新值的问题，可以在“盘存报表”工作表的 D2 单元格中重新输入函数“=KCSL("A10201")”，回车后，D2 单元格即显现新的数据 8 000。但是，这一解决办法当报表上定义的自定义函数比较多时，如此一一更新显然是很麻烦的。一个好的解决办法是在“存货管理”工作簿的模块表上设置一个如下的宏，当定义了自定义函数的报表工作表（例中为“盘存报表”工作表）为当前工作表时，只要执行该宏，报表上所有的自定义函数值都会立即更新。

```
Sub 更新自定义函数值()
        Columns("IS:IS").Select
        '选定 IS 列
        Selection.Cut
        '剪切
        Columns("IT:IT").Select
```

```
        '选定 IT 列
        ActiveSheet.Paste
        '粘贴
    End Sub
```

宏代码中的剪切和粘贴操作是对当前工作表最右方的 IS 和 IT 列进行，其目的是避开工作表上的数据，以免破坏它们。事实上，选择任何两列进行剪切和粘贴操作都能达到同样的效果。

5.1.3　修改自定义函数

如果要修改所设置的自定义函数，可以按以下步骤进行。

（1）进入宏编辑状态。因为自定义函数的代码是在宏模块表上编写的，所以修改时要先切换到宏编辑状态。

（2）选择"视图 "→"工程资源管理器"命令，显现工程资源管理窗口，如图 5-8、图 5-9 所示。

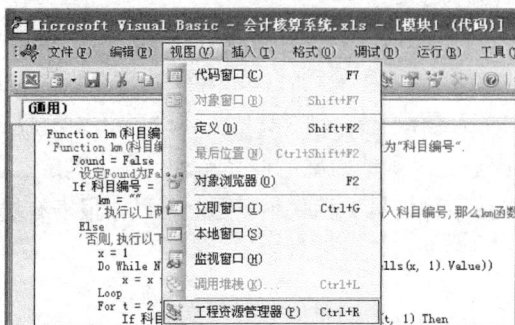

图 5-8　选择"视图"→"工程资源管理器"

图 5-9　工程资源管理窗口

（3）假定自定义函数是在模块 1 上编写的。双击图 5-9 中"模块"下的模块 1 项目，即可显现自定义函数所在的模块表进行修改了。

5.2　VBA 窗体设计及特殊作用

下面举例介绍如何设计 VBA 窗体以及所设计窗体的特殊作用。

5.2.1　添加用户窗体

设会计核算系统文件的"会计科目表"工作表上列示了所有会计科目的编号，如图 5-1 所示。如果科目编号比较多，在填制记账凭证的科目编号时容易出错。现欲设计一个对话框自动输入科目编号。

我们添加一个用户窗体来形成所需的对话框，其步骤如下。

（1）进入宏编辑状态。假定已经打开会计核算系统文件，选择"工具"→"宏"→"宏"命令，显现"宏"对话框。在对话框中任选定一个宏，单击"编辑"按钮，由工作表切换到模块表。

（2）添加用户窗体。选择"插入"→"用户窗体"命令，显现一个窗体 UserForm1 和工具箱，如图 5-10、图 5-11 和图 5-12 所示。

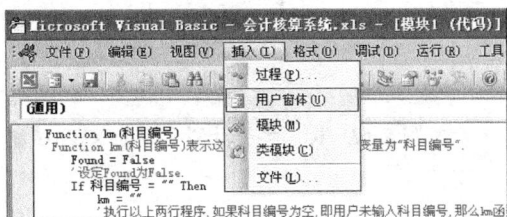

图 5-10 选择"插入"→"用户窗体"

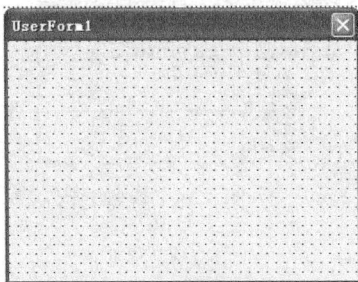

图 5-11 添加窗体 UserForm1

（3）更改窗体和窗体标题名称。为了标明窗体的用途，我们更改窗体 UserForm1 的名称为 KEMU，窗体标题 UserForm1 的名称为会计科目表。

更改窗体和窗体标题名称的操作如下。

① 单击窗体任一部分选中窗体，选择"视图"→"属性窗口"命令，显现窗体 UserForm1 的属性窗口，如图 5-13、图 5-14 所示。

图 5-12 编辑窗体"工具箱"

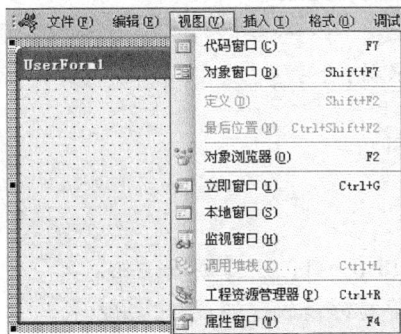

图 5-13 选中窗体，单击"视图"→"属性窗口"

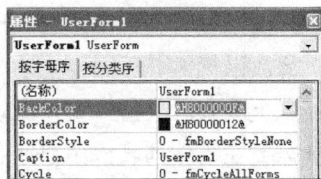

图 5-14 窗体 UserForm1 属性窗口

② 在属性窗口中选择"名称"属性，将 UserForm1 改为 KEMU；选择 Caption（标题）属性，将 UserForm1 改为会计科目表，如图 5-15 所示。

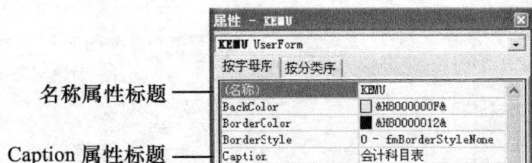

图 5-15 改变窗体名称和 Caption 属性

可以通过窗体的 BackColor（背景色）属性修改窗体颜色，系统的窗体颜色采用默认的按钮表面色。

完成以上几步后，就出现了一个命名为 KEMU 的窗体，窗体标题为会计科目表，如图 5-16、图 5-17 所示。

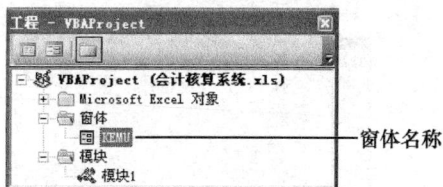

图 5-16　窗体名称

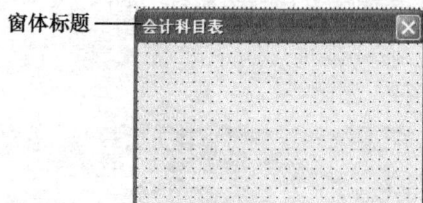

图 5-17　标题为会计科目表的 KEMU 窗体

5.2.2　在窗体上增加列表

在窗体上增加列表框的步骤如下。

（1）在工具箱上单击列表框按钮，将光标移至窗体，显现小十字"十"，如图 5-18 所示。

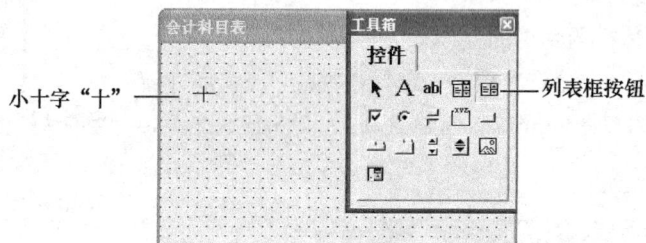

图 5-18　单击列表框按钮，显现小十字"十"

（2）在窗体上选择合适的起始点，按下鼠标左键。

（3）拖动鼠标，直到出现的矩形框大小合适。

（4）释放鼠标键。

完成以上步骤后，窗体上就出现了一个列表框 ListBox1，如图 5-19 所示。

我们需要在窗体列表框中显示科目编号和科目名称以及确定列表框的颜色等，这可以通过修改窗体列表框属性来实现。其步骤如下。

（1）用鼠标右键单击窗体列表框，在弹出的菜单中选择"属性"，显现窗体列表框属性窗口，如图 5-20、图 5-21 所示。

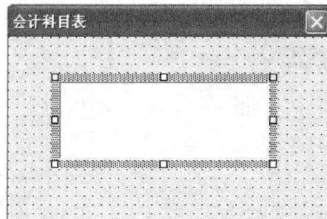

图 5-19　设置列表框

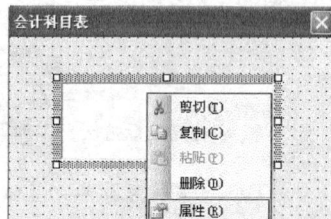

图 5-20　右击窗体列表框，选择"属性"

（2）选择 ColumnCount（列数）属性，输入：2，如图 5-22 所示。

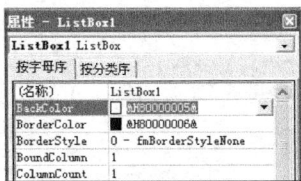

图 5-21　列表框属性窗口

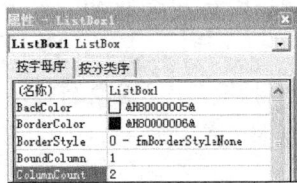

图 5-22　修改 ColumnCount 属性

（3）选择 RowSource（数据源）属性中，输入：会计科目表!a1:b1600，如图 5-23 所示。

（4）在 BackColor（背景色）属性中，选择"系统"项的"工具提示"色，即乳白色，如图 5-24 所示。

图 5-23　修改 RowSource 属性

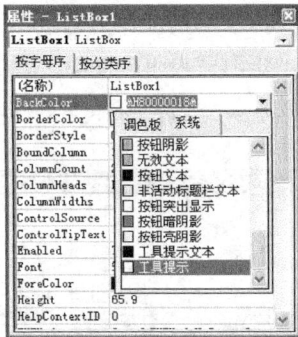

图 5-24　修改 BackColor 属性

（5）双击 Font（字体）栏显现 Font 属性的"字体"对话框，在对话框的"字体"项中选择"宋体"，"字形"项选择"常规"，"大小"项选择"小五"，然后单击"确定"按钮，如图 5-25 所示。

以上第（2）、（3）步属性的设定是在窗体列表框中显示科目编号和科目名称。"会计科目表"工作表的第 1 列和第 2 列记录科目编号和科目名称，这里正是引用这些数据。数据区域选定最后一行为 1 600，是为了尽量大，以便将所有科目包括在内，在实际操作中可以根据需要自行设置合理的行数。

完成以上步骤后，窗体列表框如图 5-26 所示，列表框右方的滚动条当列表框范围较大时会自动出现。

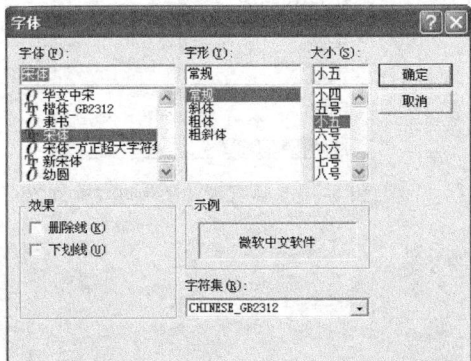

图 5-25　Font 属性的"字体"对话框

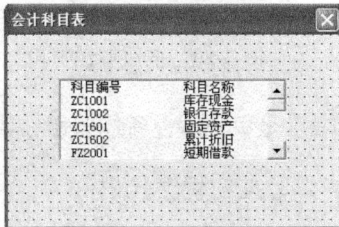

图 5-26　修改窗体列表框属性后的窗体

5.2.3　在窗体上安装按钮

当在窗体上选定一个会计科目编号后，我们需要决定是否输入到指定位置，这可以通过在窗体上安装按钮来实现。

1．在窗体上设置按钮

在窗体上设置按钮的步骤如下。

（1）在工具箱里单击命令按钮图标，然后，将光标移至窗体下方适当位置，显现小十字"十"，如图 5-27 所示。

（2）在窗体的合适位置选择起始点并按下鼠标左键。

（3）保持鼠标按键并拖动鼠标，出现一个矩形框。

（4）当矩形框大小合适时，释放鼠标按键。

完成以上步骤后，窗体上就出现了一个命令按钮 CommandButton1，如图 5-28 所示。

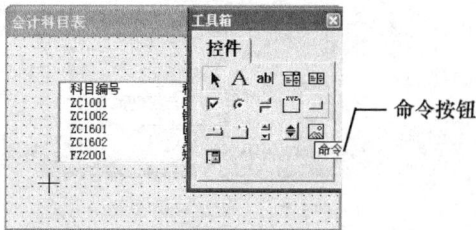

图 5-27　单击命令按钮，显现小十字"十"　　　　图 5-28　设置命令按钮

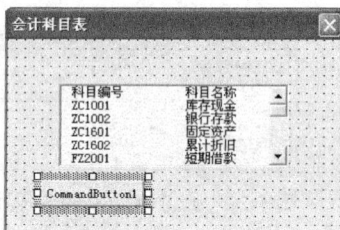

2．修改按钮提示文字

要在按钮上标示其功能，可以通过修改按钮的 Caption 属性来修改按钮提示文字，其步骤如下。

（1）用鼠标右键单击窗体按钮，在弹出的菜单中选择"属性"，显现按钮属性窗口，如图 5-29 所示。

（2）在按钮属性窗口中选择 Caption 属性，输入：确定，如图 5-30 所示。

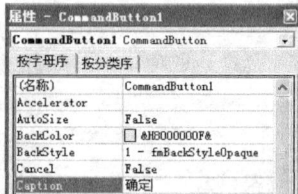

图 5-29　按钮属性窗口　　　　图 5-30　修改按钮的 Caption 属性

完成以上步骤后，窗体按钮显现如图 5-31 所示。

3．编写按钮程序代码

为了定义按钮功能，需要编写按钮程序代码，其步骤如下。

（1）双击"确定"按钮，显现会计核算系统.xls-KEMU 模块表。

（2）在模块表中输入如下代码，如图 5-32 所示。

```
Private Sub CommandButton1_Click()
    ActiveCell = ListBox1.Text
    '当前单元格中输入列表框 ListBox1 指定项目
    KEMU.Hide
    '隐藏 KEMU 窗体
End Sub
```

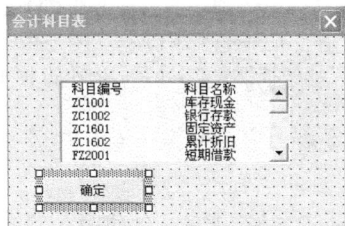

图 5-31　按钮文字显现为修改的文字

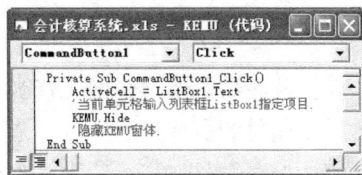

图 5-32　编写按钮程序代码

类似地可以添加"取消"按钮。"取消"按钮的代码为：

```
Private Sub CommandButton2_Click()
    KEMU.Hide
End Sub
```

5.2.4　设置调用窗口快捷键

为了方便地调用输入科目编号的窗体，我们设置一个快捷键（Ctrl+Z），其步骤如下。

（1）在会计核算系统.xls-模块 1 模块表中输入如下代码：

```
Sub 科目编号表()
    KEMU.Show
    '显示 KEMU 窗体
End Sub
```

这样，就建立了一个科目编号表宏，如图 5-33 所示。

细心的读者会发现我们已遇到了两种模块表，一种是会计核算系统.xls-模块 1 模块表，另一种是会计核算系统.xls-KEMU 模块表（编写窗体按钮宏代码模块表）。科目编号表宏是在会计核算系统.xls-模块 1 模块表上编写的，这样才能按后面的步骤建立快捷键。

图 5-33　科目编号表宏

（2）选择"文件"→"关闭并返回到 Excel"命令，切换到工作表。

（3）选择"工具"→"宏"→"宏"命令，显现"宏"对话框，在对话框中指定"科目编号表"宏，如图 5-34 所示。

（4）单击对话框右下方的"选项"按钮，显现"宏选项"对话框，在"快捷键：Ctrl+"

后的小方框中输入 Z，然后单击"确定"按钮，如图 5-35 所示。

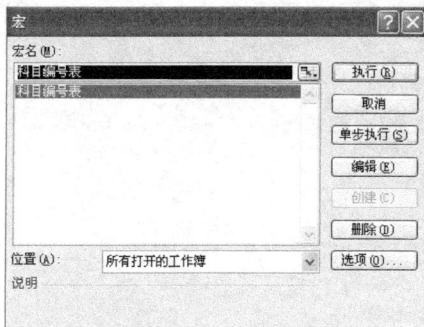

图 5-34　选择"科目编号表"宏　　　　图 5-35　在"快捷键：Ctrl+"后的小方框中输入 Z

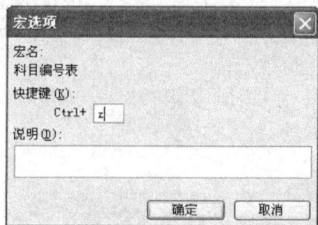

完成以上各步后，不管当前工作表是哪一张工作表，都可以同时按下 Ctrl 和 Z 键方便地调用显示科目编号的窗体。

设计好的窗体如图 5-36 所示，利用它可以非常方便地将科目编号自动输入到光标所在的当前单元格。这一技术如果应用于存货等管理中，可以类似方便地输入存货编号，只需将科目编号、科目名称分别改为存货编号和存货名称即可。

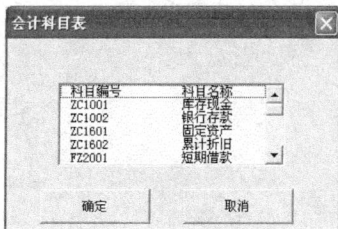

图 5-36　显示科目编号的窗体

现在举例说明如何在填制记账凭证时，调用科目编号窗体自动输入科目编号，其步骤如下。

（1）在会计核算系统文件"凭证"工作表上的记账凭证格式中选定欲输入科目编号的单元格，如图 5-37 所示。

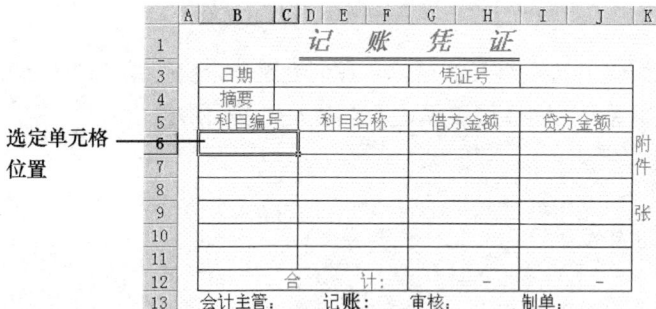

选定单元格位置

图 5-37　选定欲输入科目编号的单元格

（2）同时按下 Ctrl 和 Z 键，弹出会计科目表窗体。假定欲输入的科目编号是 ZC1001（库存现金科目编号），在会计科目表窗体中选定 ZC1001 栏，如图 5-38 所示。

（3）单击会计科目表窗体的"确定"按钮，即在指定单元格自动输入科目编号 ZC1001。由于记账凭证格式中"科目名称"栏设置有自定义函数 km，故同时自动生成科目编号 ZC1001 对应的科目名称库存现金，如图 5-39 所示。

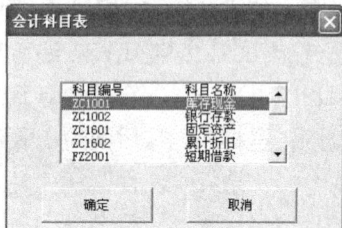

图 5-38　按 Ctrl 和 Z 键，在弹出的窗体中选 ZC1001 栏

图 5-39　自动输入科目编号

5.2.5　修改窗体

如果设计者对用户窗体感到不满意，可以按以下步骤选定窗体进行修改。

（1）假定当前处于宏编辑状态，选择"视图"→"工程资源管理器"命令，弹出工程资源管理窗口，并展开窗体显现其下的项目，如图 5-40 所示。

（2）双击"窗体"下的项目，如 KEMU，即可显现窗体进行修改了。

若设计者欲删除某一窗体，其步骤如下。

（1）光标指定欲删除的窗体，如 KEMU，单击鼠标右键显现如图 5-41 所示的菜单。

图 5-40　"窗体"展开的工程
资源管理窗口

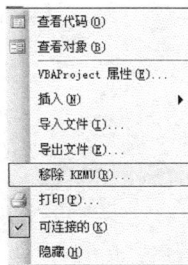

（2）在对话框中选择"移除 KEMU"命令，弹出如图 5-42 所示的对话框，单击对话框中的"否"按钮。

图 5-41　管理窗体菜单

图 5-42　单击"否"按钮，删除窗体 KEMU

类似地，可以删除系统的模块表。在工程资源管理窗口，可以方便地管理系统文件中的工作表、窗体、模块表等。

本章小结

任何软件都不可能是万能的，利用 Excel 的自定义函数和窗体可以自行设计一些特殊功能。本章举例介绍了如何设置自定义函数、窗体，以及更新自定义函数值的技巧，相信读者对它们的作用也有所体会。

思考与练习题

1. 试比较自定义函数与宏格式之间的差异。

2. 将自定义函数 km、KCSL 与 4.3.3 节查找某一记录示例宏的代码进行比较，分析其异同。

3. （1）将"库存数量"工作表上代号为"A10201"的商品库存数量改为 8 000，观察"盘存报表"工作表上定义了函数"=KCSL("A10201")"的 D2 单元格的数值是否相应改变？

（2）续第（1）题，执行更新自定义函数值宏，再观察。

4. 在"库存数量"工作表的商品品种代号"A10102"与"A10201"之间插入商品品种代号"A10103"（假定库存 200 件），执行更新自定义函数值宏后，观察"盘存报表"工作表上定义了函数"=KCSL("A10201")"的 D2 单元格的数值是否受到影响。

5. 打开会计核算系统文件，查看模块 1 模块表上的科目编号表宏和 KEMU 模块表上的窗体按钮宏。

6. 举例说明 Excel 的工作表、模块表和 VBA 用户窗体在信息系统的建立中各有什么作用。

第6章 系统菜单、安全设置

本章要点：

- 用宏按钮制作菜单方法；
- 工作表、工程保护方法。

系统设计需要考虑操作方便和安全问题。本章介绍如何制作菜单方便地执行系统的宏，以及如何对系统文件、工作表、工作簿和工程进行保护。

6.1 系统菜单设置

系统菜单设置有多种方法，最常用的是设置 Excel 式的层次菜单和利用宏按钮制作菜单。

6.1.1 设置 Excel 式层次菜单

设置 Excel 式的层次菜单，即在 Excel 的菜单栏增加欲执行宏的菜单项。这些新的菜单项可以像 Excel 原有的菜单项一样运用。

下面以在会计核算系统文件建立试编宏的新菜单为例，介绍 Excel 式层次菜单的设置。

1．建立"新菜单"项

要建立类似 Excel 菜单栏中"文件"、"编辑"等项目样式的"新菜单"，其步骤如下。

（1）打开会计核算系统文件后，选择"工具"→"自定义"命令，弹出"自定义"对话框，如图 6-1、图 6-2 所示。

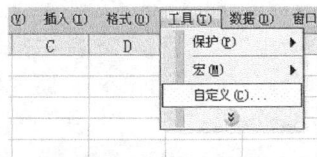

图 6-1　选择"工具"→"自定义"

（2）在"命令"选项卡的"类别"栏中选择"新菜单"项；然后，在"命令"栏中选择"新菜单"项，如图 6-3 所示。

（3）按下鼠标左键显现一个小方块，拖至欲设置菜单处（如菜单栏中"格式"与"工具"项目之间），松开鼠标左键，显现"新菜单"项，如图 6-4 所示。

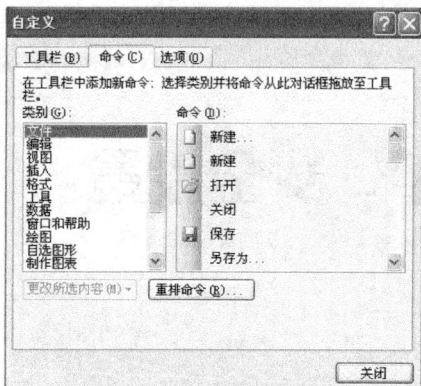

图6-2 "自定义"对话框

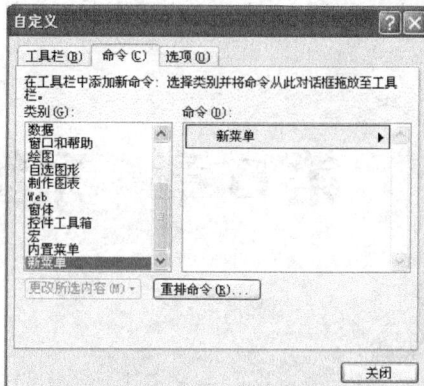

图6-3 选择"新菜单"项

新设"新菜单"项

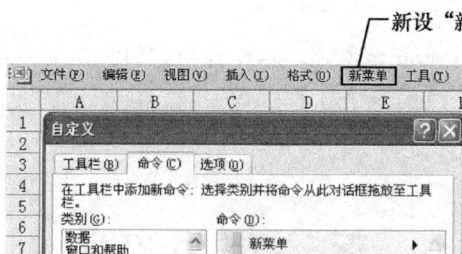

图6-4 设置"新菜单"项

（4）单击"更改所选内容"按钮，显现"新菜单"项编辑菜单，在"命名"栏中将"新菜单"字样更改为需要的菜单名，如"会计核算系统"，如图6-5所示。

"更改所选内容"按钮

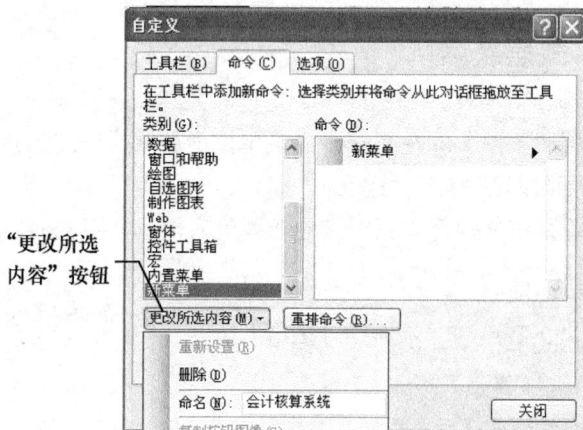

图6-5 在"命名"栏中输入"会计核算系统"

（5）在"类别"栏中选定"宏"项后，再单击新设置的"会计核算系统"菜单项，在"会计核算系统"菜单项下显现一个小框，如图6-6所示。

（6）选择"自定义菜单项"项后，按下鼠标左键显现一个小方块，拖至"会计核算系统"菜单项下的小框内，松开鼠标键，即在"会计核算系统"菜单项下设置了一个"自定义菜单项"项目（重复这一操作，即可在"会计核算系统"菜单项下再新增加"自定义菜单项"项目），如图 6-7 所示。

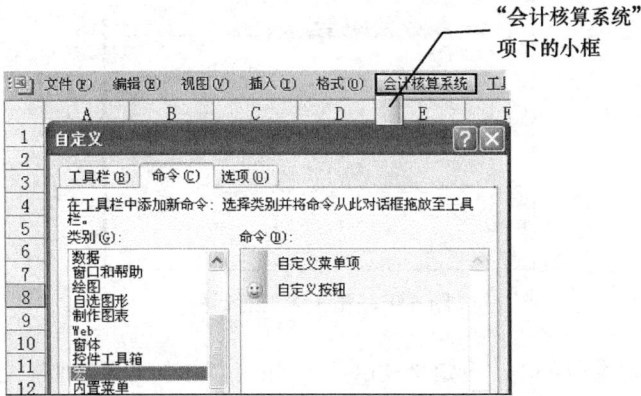

"会计核算系统"
项下的小框

图 6-6　选择"宏"，单击新设"会计核算系统"项显现一小框

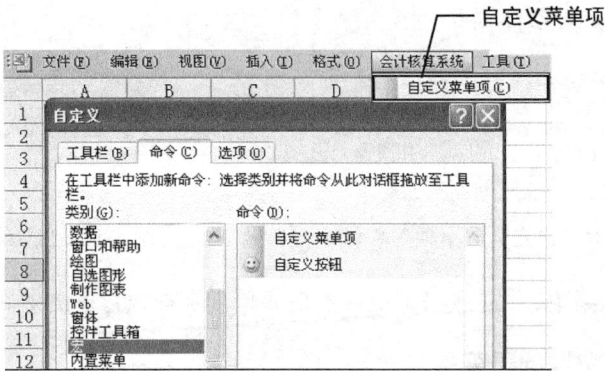

自定义菜单项

图 6-7　设置"自定义菜单项"

（7）用鼠标右键单击"自定义菜单项"，弹出"自定义菜单项"编辑菜单，如图 6-8 所示。

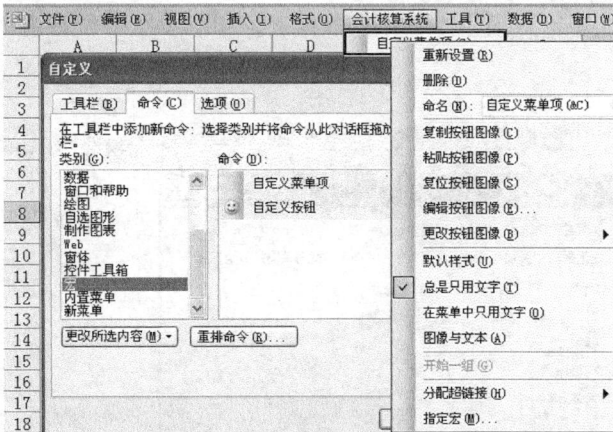

图 6-8　"自定义菜单项"编辑菜单（图片右方）

（8）在菜单中选择"指定宏"项，弹出"指定宏"对话框，选定"试编宏"，单击"确定"
按钮，完成给"自定义菜单项"指定宏工作，如图 6-9 所示。

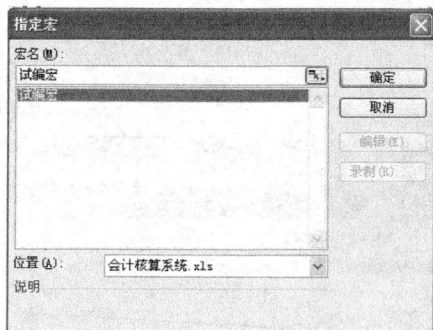

图 6-9 "指定宏" 对话框

（9）再次用鼠标右键单击"自定义菜单项"，弹出"自定义菜单项"编辑菜单，在命名栏中将"自定义菜单项"字样更改为需要的菜单名，如"试编宏"，如图 6-10 所示。

完成以上步骤后，关闭"自定义"对话框。这样，在"会计核算系统"栏下就有了一个"试编宏"菜单了，如图 6-11 所示。

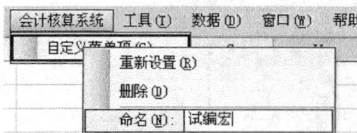

图 6-10　修改"自定义菜单项"名称

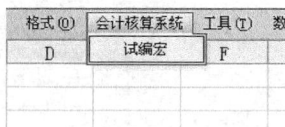

图 6-11　"试编宏"菜单

现在选择试编宏菜单，即可像 Excel 原有的菜单项那样执行试编宏。读者不妨一试。

2. 建立"新菜单"的子菜单

如果要在新设的菜单项中建立子菜单，可按如下步骤进行。

（1）先在"自定义"对话框的"命令"选项卡的"类别"栏中选择"新菜单"项，再选择"命令"栏中的"新菜单"项。按下鼠标左键，显现一个小方块，拖至新设"会计核算系统"菜单下的"试编宏"项目下，松开鼠标键，即增设了一个带箭头的"新菜单"项，如图 6-12 所示。

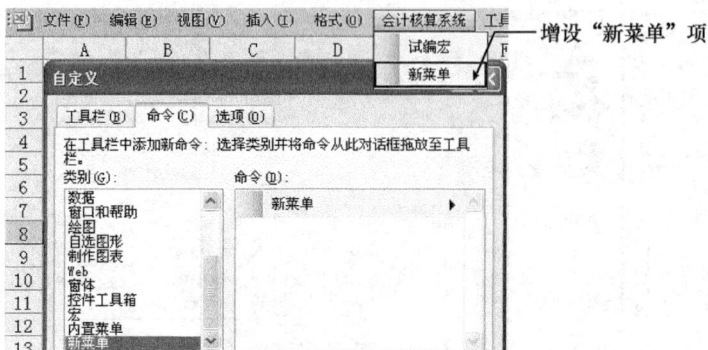

图 6-12　增加带箭头的"新菜单"项

（2）在"类别"栏中选定"宏"项后，再单击"新菜单"项，在"新菜单"项旁显现一个小框，如图 6-13 所示。

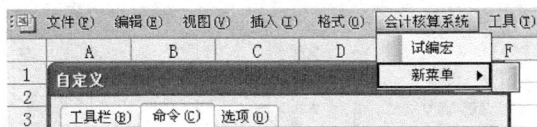

图 6-13　单击"新菜单"项，显现一小框

（3）仿建立"试编宏"菜单第（6）步，设置"自定义菜单项"子项，如图 6-14 所示。

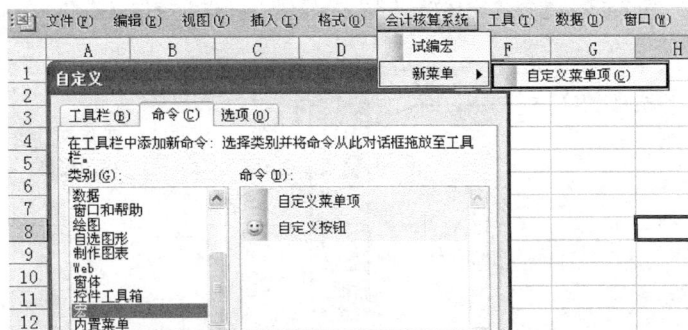

图 6-14　设置"自定义菜单项"子项

（4）仿建立"试编宏"菜单第（7）、（8）步，给"自定义菜单项"子项指定宏。

（5）仿建立"试编宏"菜单第（9）步，按需要给"新菜单"项和"自定义菜单项"子项命名。

有一点应当注意，这里第（1）步是建立可以带子菜单的"新菜单"项。如果不进行第（1）步，按第（2）至（5）步也可以建立菜单，但不能带子菜单。当然，因为未进行第（1）步，所以第（2）步中的"单击'新菜单'项，在'新菜单'项旁显现一个小框"的操作也不需进行。

6.1.2　用宏按钮制作菜单

用宏按钮制作菜单的方法如下。

（1）选定 Excel 的一张工作表，安装按钮。

（2）将宏指定给按钮，形成宏按钮。

（3）要运行某项功能，单击工作表上相应的宏按钮。

下面介绍如何在会计核算系统文件的工作表 Sheet1 上安装"试编宏"按钮，其步骤如下。

（1）打开会计核算系统文件，选择"视图"→"工具栏"→"窗体"命令，显现"窗体"控件，如图 6-15 所示。

（2）单击"窗体"控件上的"按钮"图标，移开鼠标，光标变成小十字形"+"；接着，将小十字"+"移到"菜单"工作表的适当位置，按下左键拖动鼠标，直到出现方框的大小合适；然后释放鼠标键，形成按钮，如图 6-16 所示。

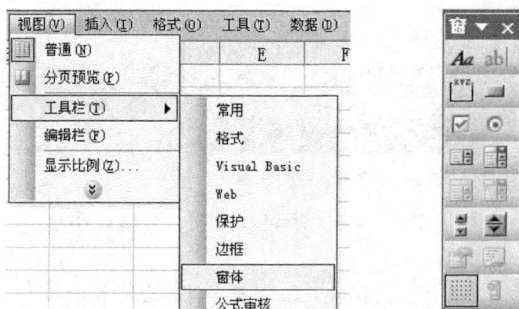

图 6-15　选择"窗体"（左图），显现"窗体"控件（右图）

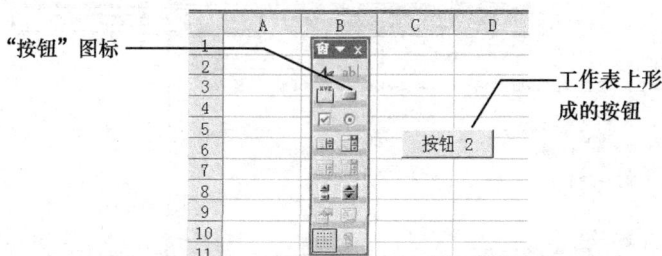

图 6-16　单击"按钮"图标，形成按钮

（3）指定按钮，单击鼠标右键，弹出菜单，在菜单中选择"编辑文字"项。然后，在按钮上添加文字"试编宏"，以标示该按钮的功能，如图 6-17、图 6-18 所示。

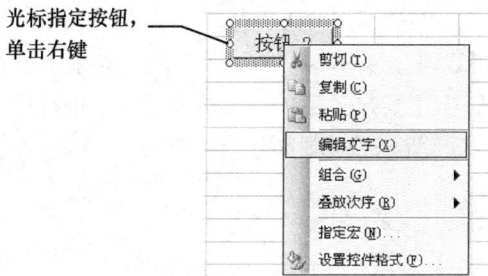

图 6-17　编辑按钮菜单

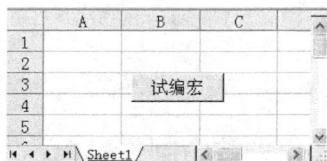

图 6-18　在按钮上添加标志功能的文字

（4）再次指定按钮，单击鼠标右键，在弹出菜单中选择"指定宏"项，如图 6-19 所示。

接着，在弹出的"指定宏"对话框中选定"试编宏"，单击"确定"按钮。

完成以上各步后，单击"试编宏"按钮，就会执行"试编宏"。

设置好宏按钮后，可按设计者要求进行菜单设置的其他工作，如菜单界面的文字设计等。如图 6-20 所示是设计的一个会计核算信息系统"菜单"。

比较一下两种菜单设置方式，Excel 式的层次菜单，具有 Excel 原菜单风格，便于多层

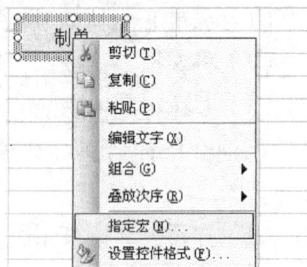

图 6-19　选择"指定宏"

次宏的执行；而在工作表上安装宏按钮，有时操作更为方便，并且保持了 Excel 原有的菜单设计。

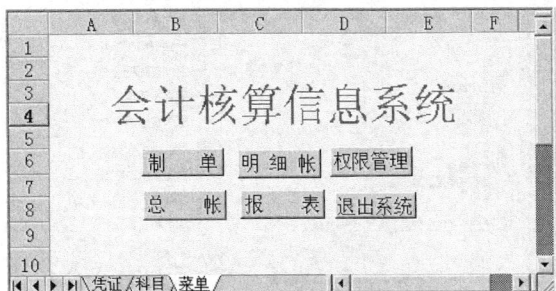

图 6-20 宏按钮的"菜单"样式

6.1.3 在工具栏中增加命令

除了以上介绍的两种菜单设置方法外，还可以通过在 Excel 的工具栏中增加命令来执行宏的方式形成菜单。

下面在 Excel 的工具栏中增加"笑脸"命令，执行试编宏。其步骤如下。

（1）打开会计核算系统文件后，选择"工具"→"自定义"命令，弹出"自定义"对话框。

（2）在"命令"选项卡的"类别"栏中选择"宏"项；在"命令"栏中选择"自定义按钮"项，如图 6-21 所示。

（3）然后，按下鼠标左键显现一个小方块，拖至欲设置菜单处（如工具栏的"粘贴"与"格式刷"项目之间），松开鼠标左键，显现"笑脸"项，如图 6-22 所示。

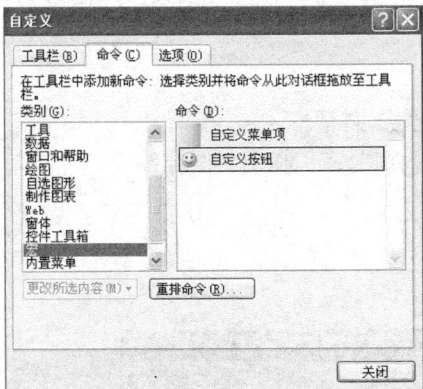

图 6-21 笑脸选择

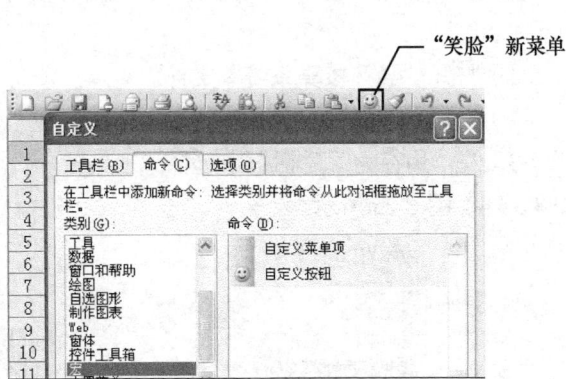

图 6-22 为工具栏增加"笑脸"项

（4）用鼠标右键单击"笑脸"项，弹出"笑脸"编辑菜单，如图 6-23 所示。

（5）在菜单中选择"指定宏"项，弹出"指定宏"对话框，选定"试编宏"，单击"确定"按钮。

这样，关闭自定义对话框后，即可选择 Excel 工具栏新增加的"笑脸"项执行试编宏命令了。

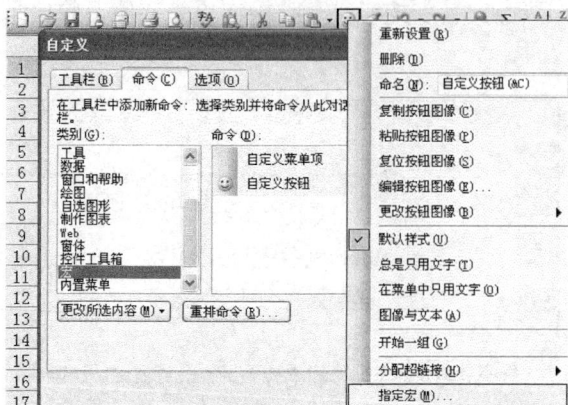

图 6-23 "笑脸"编辑菜单（图片右方）

在仅需要单独执行某项命令时，以在工具栏增加命令的方式设置菜单操作比较方便。

6.2 安 全 设 置

可以采用对文件加密、保护工作表等方法，保护系统安全。

6.2.1 对文件加密

对 Excel 文件加密可以防止别人打开文件。

设"会计核算系统"文件是用户管理会计信息的一个 Excel 文件，对该文件加密的步骤如下。

（1）打开"会计核算系统"文件。

（2）选择"文件"→"另存为"命令，显现"另存为"对话框。

（3）在"另存为"对话框中选择"工具"→"常规选项"项，弹出"保存选项"对话框，如图 6-24、图 6-25 所示。

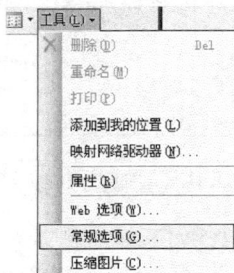

图 6-24 选择"工具"→"常规选项"

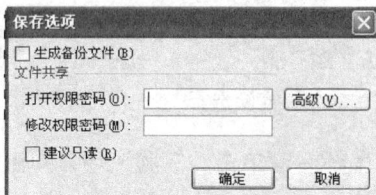

图 6-25 "保存选项"对话框

（4）在"打开权限密码"栏输入 LY（设定的文件密码）。单击"确定"按钮后，弹出"确认密码"对话框。在"重新输入密码"栏再次输入 LY，然后单击"确定"按钮，如图 6-26、

图 6-27 所示。

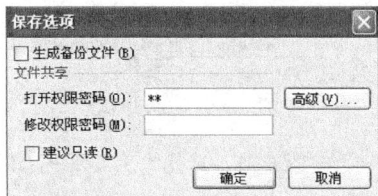

图 6-26 输入文件密码 LY（图中星号所示）

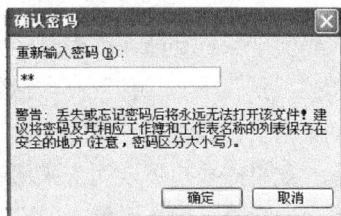

图 6-27 确认密码，再次输入 LY

（5）单击"另存为"对话框的"保存"按钮。

"会计核算系统"文件加密后，当试图打开该文件时，必须输入正确的密码 LY，否则，不能打开文件。若有必要，用户可按 Excel 文件密码修改方式修改密码（在加密时未设定修改权限密码）。

6.2.2 保护工作表

为了防止设置的专用工作表格式及数据被修改，可以保护工作表。

1. 保护整张工作表

保护当前工作表的步骤如下。

（1）选择"工具"→"保护"→"保护工作表"命令，弹出"保护工作表"对话框，如图 6-28、图 6-29 所示。

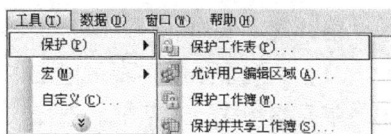

图 6-28 选择"工具"→"保护"→"保护工作表"

（2）在"取消工作表保护时使用的密码"栏输入 LY，单击"确定"按钮，如图 6-30 所示。

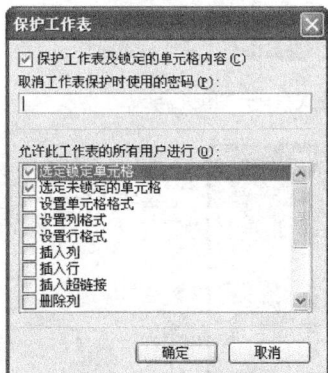

图 6-29 "保护工作表"对话框

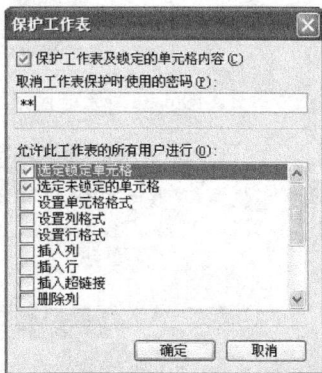

图 6-30 输入保护工作表密码

接着，在弹出的"确认密码"对话框的"重新输入密码"栏再次输入 LY，然后单击"确定"按钮。

也可以用宏来保护工作表，如设置下面的保护工作表宏：

```
Sub 保护工作表()
    ActiveSheet.Protect password:="LY"
```

```
'保护当前工作表,口令 LY
End Sub
```

用代码实现保护功能在编程时经常使用。

选择"工具"→"保护"→"撤销工作表保护"命令,即可撤销工作表保护,如图 6-31 所示。

当然,如果需要也可以用宏来撤销工作表保护,只需执行下面的撤销工作表保护宏即可:

图 6-31 选择"工具"→"保护"→"撤销工作表保护"

```
Sub 撤销工作表保护()
    ActiveSheet.Unprotect password:="LY"
    '撤销当前工作表保护,口令 LY
End Sub
```

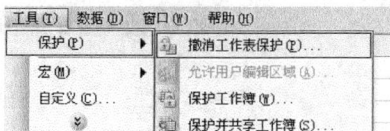

2. 保护工作表部分内容

工作表一旦保护,表上的全部内容都不能修改。但是,有时希望仅限制工作表的部分内容不能修改。如假定图 6-32 工作表上的标题"会计科目"不能修改,而标题下可以输入内容。

这可以在整张工作表中仅仅保护标题"会计科目"所在 A1 单元格,其步骤如下。

图 6-32 假定仅标题不能改

(1)选定整张工作表,单击"格式"→"单元格"项,弹出"单元格格式"对话框。选择"保护"选项卡,单击"锁定"项前的小框,取消锁定前的"√"记,然后单击"确定"按钮,如图 6-33、图 6-34 所示。

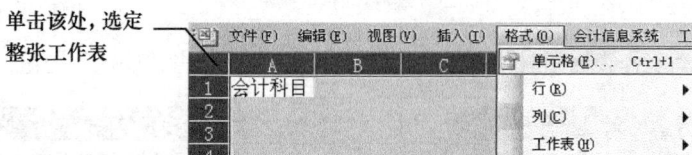

图 6-33 选定整张工作表,再单击"格式"→"单元格"

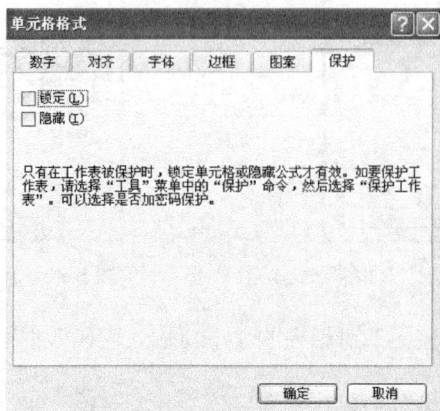

图 6-34 选择"保护"项,单击"锁定"项前的小框取消"√"

(2)选定 A1 单元格,单击"格式"→"单元格"项,弹出"单元格格式"对话框。选择"保护"选项卡，单击"锁定"项前的小框，显现锁定前的"√"记，然后单击"确定"按钮，如图 6-35 所示。

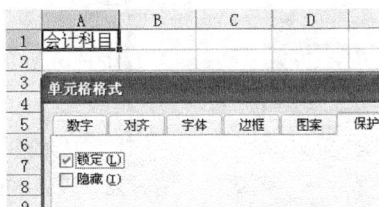

图 6-35　选定 A1，单击"锁定"项前的小框显现"√"

（3）最后，保护当前工作表。

6.2.3　保护工作簿

为了防止设置的专用工作表被删除、更名，应保护工作簿。

保护工作簿的方法与前面保护工作表类似。若要用宏保护当前工作簿或撤销当前工作簿保护，代码分别如下：

```
Sub 保护工作簿()
    ActiveWorkbook.Protect password:="LY"
    '保护当前工作簿,口令 LY
End Sub
Sub 撤销工作簿保护()
    ActiveWorkbook.Unprotect password:="LY"
    '撤销当前工作簿保护,口令 LY
End Sub
```

6.2.4　隐藏工作表

前面保护工作表是使工作表上的内容不被破坏。有时可能出现这种情况，我们不希望某一工作表上的数据被人看见。为此，可以将工作表隐藏起来。

如欲隐藏工作簿 Book1 的工作表 Sheet1，先单击表签 Sheet1，选定 Sheet1；再选择"格式"→"工作表"→"隐藏"命令，工作表 Sheet1 就被隐藏起来了，如图 6-36、图 6-37 和图 6-38 所示。

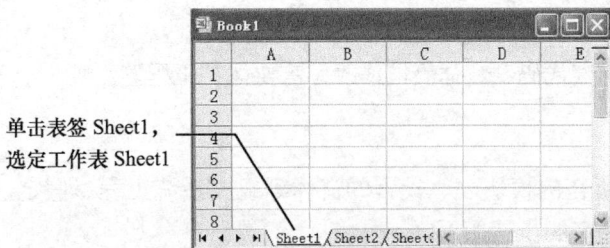

单击表签 Sheet1，
选定工作表 Sheet1

图 6-36　选定欲隐藏的工作表

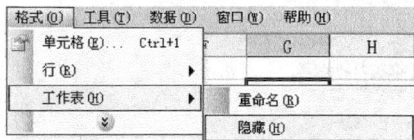

图 6-37 选择"格式"→"工作表"→"隐藏"　图 6-38 表签 Sheet1 消失，工作表 Sheet1 被隐藏

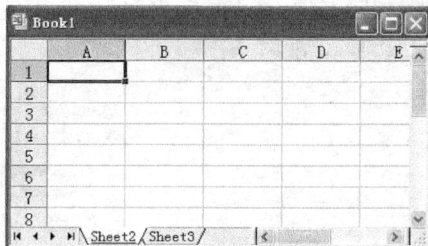

要显现隐藏的工作表 Sheet1，选择"格式"→"工作表"→"取消隐藏"命令，弹出"取消隐藏"对话框，在对话框中选择 Sheet1，如图 6-39、图 6-40 所示。

图 6-39 选择"格式"→"工作表"→"取消隐藏"　　图 6-40 选择 Sheet1

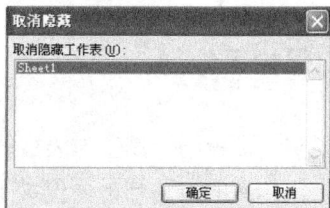

单击"取消隐藏"对话框下方的"确定"按钮，工作表 Sheet1 重新显现。

需要注意的是，如果工作簿被保护，就不能隐藏或显现隐藏的工作表。所以，隐藏工作表后，应保护工作簿；而在隐藏工作表时，工作簿应处于未被保护状态。

从安全角度可以将工作表隐藏起来，如果要考虑界面友好，也可以设计界面在任何时候只有一张工作表（这时，"表签"只有一个），而将其他的工作表隐藏起来。

也可以用代码隐藏和显现工作表。

例如，隐藏工作表 Sheet1 的代码为：

```
Sheets("Sheet1").Visible = False
'隐藏工作表 Sheet1
```

显现隐藏的工作表 Sheet1 的代码为：

```
Sheets("Sheet1").Visible = True
'显现隐藏的工作表 Sheet1
```

6.2.5　保护工程

为了防止设计的宏代码、窗体等被修改，需要保护工程。

1. 命名工程

系统程序代码所在的模块表、设置的窗体等组成系统工程，假定这一工程我们命名为"会计核算系统"。命名的步骤如下。

（1）打开系统文件后，选择"工具"→"宏"→"宏"命令，显现"宏"对话框。

（2）任意指定一个宏，单击"编辑"按钮，显现宏模块表。

（3）选择"工具"→"VBAProject 属性"命令，弹出"VBAProject-工程属性"对话框，如图 6-41、图 6-42 所示。

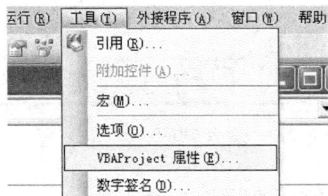

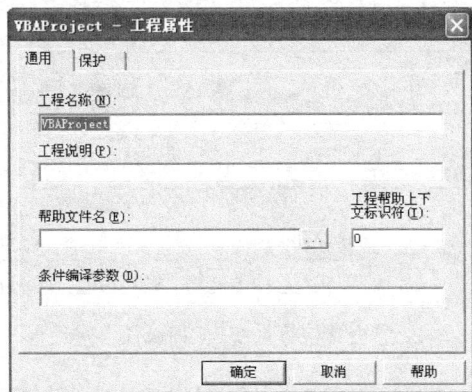

图 6-41　选择"工具"→"VBAProject 属性"　　　图 6-42　"VBAProject-工程属性"对话框

（4）选择"VBAProject-工程属性"对话框的"通用"选项卡，在"工程名称"栏输入欲命名工程的名称，如"会计核算系统"，然后单击"确定"按钮，如图 6-43 所示。

2．保护工程

命名后，保护工程的步骤如下。

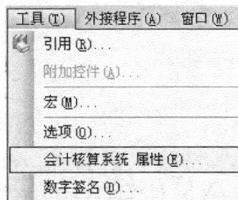

（1）选择"工具"→"会计核算系统属性"命令，弹出"会计核算系统-工程属性"对话框，如图 6-44、图 6-45 所示。

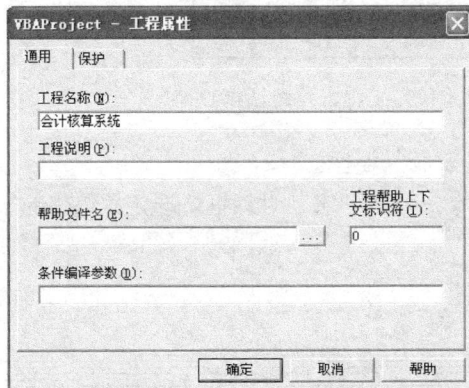

图 6-43　在"工程名称"栏输入"会计核算系统"，命名工程　　　图 6-44　选择"工具"→"会计核算系统属性"

（2）在"会计核算系统-工程属性"对话框中，选择"保护"选项卡，单击"查看时锁定工程"项前的小框，使出现"√"标记。在"密码"栏输入 1234（系统设定工程密码），在"确认密码"栏再次输入 1234，然后单击"确定"按钮，如图 6-46 所示。

注意，这里要在"密码"与"确认密码"栏同时输入相同的密码后再单击"确定"按钮，而不能先在"密码"栏输入密码，试图确定后再在"确认密码"栏输入密码，这样会导致出错。这与前面文件保护、工作表保护、工作簿保护加密有所不同。

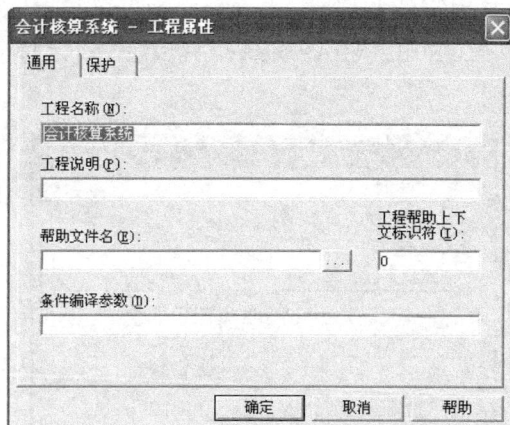

图 6-45 "会计核算系统-工程属性"对话框

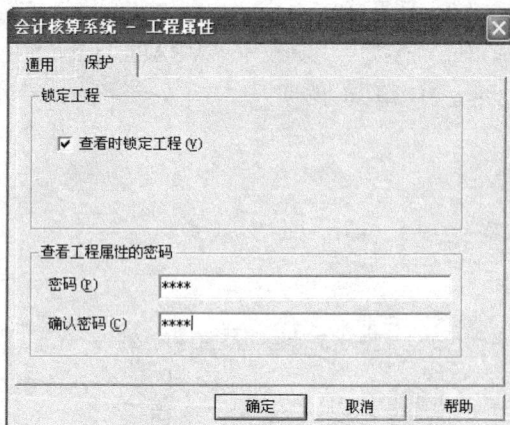

图 6-46 输入密码，锁定工程

（3）关闭系统文件。工程保护后，一定要关闭系统文件，这样保护才生效。

工程保护后，不能修改工程，如对宏进行编辑等。

若有必要欲修改工程，如对宏进行编辑，可按以下步骤进入宏"编辑"状态。

（1）重新打开系统文件，选择"工具"→"宏"→"录制新宏"命令，显现"录制新宏"对话框。

（2）输入新宏名（也可采用自动产生的宏名），单击"确定"按钮，弹出要求输入密码的对话框，如图 6-47 所示。

工程保护后，若
编辑宏必须输
入密码

图 6-47 "会计核算系统"工程密码对话框

（3）输入密码 1234 确定后，单击"停止录制"浮标。

（4）选择"工具"→"宏"→"宏"命令，弹出"宏"对话框。选定欲编辑的宏，单击"编辑"按钮。

本章小结

本章介绍了如何制作系统的菜单，读者是否感觉到用菜单执行宏比第 2 章介绍的方法要方便一些？

安全是信息系统设计中应当认真考虑的问题，可以采用对系统文件加密、保护系统工作表等方法，防止系统被破坏。不过，也不要因为有了一定的安全设置就掉以轻心。为了保证信息安全，这里有几点建议：在您的计算机上安装正规的防毒软件，并经常更新；注意随时备份您的重要文件，以便数据丢失时有机会弥补；并认真考虑在互联网上传送 Excel 文档时发生数据泄密的后果是否严重。只有在数据安全的前提下，我们才能充分享受计算机处理数据的高效率！

思考与练习题

1. （1）如何设计宏按钮？

（2）试选定一张工作表，设置一个"试设按钮"的按钮并指定给某一个宏，然后观察执行效果。

2. 到目前为止，您知道执行宏有几种方式？什么时候用哪种方式比较好？

3. Excel 文件加密与工程加密方法有何不同？

4. 试对一个 Excel 工程加密，再将工程密码改为新的密码。

（提示：录制新宏，输入工程密码，进入宏模块表编辑状态。）

5. 您是否有办法破坏系统设置的安全防范？试作一试验。

6. 您是否有更好的措施来保护系统的安全？如果有，试改进系统的安全设置。

第 7 章 "成本还原" 问题

本章要点：

- 计算机环境下"成本还原"问题的解决方法；
- 如何进行数据链接。

在第 1~6 章，介绍了 Excel 在信息管理上的特点以及 VBA 应用的一些基本知识和关键技术。为了达到学以致用的目的，从本章开始，我们将基于 Excel 环境来解决会计信息管理中的一些问题。

本章将在 Excel 上以链接方式解决工业企业成本核算分步法的成本还原问题。

7.1 同时提供分项和综合指标

工业企业成本核算的分步法，有逐步结转分步法和平行结转分步法之分。逐步结转分步法既可以采用综合结转，也可以采用分项结转，两种方法各有利弊。如果要弥补综合结转的不足，就需要进行成本还原工作，但这是一件非常麻烦的事。

当然可以考虑在计算机环境下模拟手工进行成本还原工作。但是，事实上这完全没有必要，因为在计算机环境下逐步结转分步法的综合结转和分项结转可以同时进行。这样，就不必进行所谓"成本还原"工作，使成本还原这一难题自然得到解决。

综合结转和分项结转同时进行的关键是，在产品生产的每一步骤，设置既提供成本项目的分项指标又提供综合指标的半成品明细账。综合结转半成品成本时，在半成品明细账上取综合指标；分项结转半成品成本时，取分项指标。

综合结转和分项结转同时进行，在手工环境下，这几乎等于做两套成本核算账，无疑会使工作量大量增加，倒不如进行成本还原。然而，在计算机环境下却是一件很容易的事情，下面举例说明。

7.2 分步成本核算示例

假定甲产品生产分两个步骤，分别由两个车间进行。第一车间生产半成品，交半成品库验收。第二车间按所需数量从半成品库领用，所耗半成品费用按全月一次加权平均单位成本计算。两个车间的月末在产品均按定额成本计价。成本计算步骤如下。

第一，选定 Excel 的一张工作表，命名为"生产成本明细账—甲半成品"。在该表上设计生产成本（甲半成品）明细账格式，并根据各种生产费用分配表，半成品交库单和第一车间在产品定额成本资料，登记第一车间甲半成品生产成本明细账，如图 7-1 所示。

图 7-1　生产成本（甲半成品）明细账

在图 7-1 中，"完工转出产成品成本"栏成本项目的"原材料"、"工资及福利费"和"制造费用"，以及各"合计"数通过设置 Excel 公式自动生成，如图 7-2 所示。

图 7-2　"生产成本（甲半成品）明细账"公式设置

其他数据，如"本月费用"栏的"原材料"项目数据，也可通过链接在 Excel 工作表上设置的原材料费用分配表自动生成。

第二，选定 Excel 的一张工作表，命名为"产成品明细账—甲半成品"。在该表上设计产成品（甲半成品）明细账格式，并根据半成品交库单和第二车间领用半成品的领用单，登记甲半成品的产成品明细账，如图 7-3 所示。

图 7-3　产成品（甲半成品）明细账

在图 7-3 中，"本月增加"栏数据与"生产成本明细账—甲半成品"工作表"完工转出产成品成本"栏数据链接，链接和其他公式设置如图 7-4 所示。

图 7-4 "产成品（甲半成品）明细账"公式设置

注意，在半成品明细账的格式设计中，既提供成本项目的分项指标——"原材料"、"工资及福利费"和"制造费用"数据，又提供综合指标——成本项目的"合计"数据，以便在该表中为综合结转和分项结转半成品成本提供数据。

在确定成本项目的单位成本时，为了保证在引用单位成本时按规定的小数位计算，使用了 Excel 内置的四舍五入函数 ROUND。

第三，选定 Excel 的一张工作表，命名为"生产成本明细账—甲产成品—综合结转"。在该表上设计生产成本（甲产成品—综合结转）明细账格式，并根据各种生产费用分配表、半成品领用单、产成品交库单以及第二车间在产品定额成本资料，登记生产成本（甲产成品—综合结转）明细账，如图 7-5 所示。

图 7-5 "生产成本（甲产成品—综合结转）明细账"

在图 7-5 中，"本月生产费用"栏成本项目中的"半成品"数据与"产成品明细账—甲半成品"工作表的"本月减少"栏的综合指标——成本项目的"合计"数据链接，链接和其他公式设置如图 7-6 所示。

第四，选定 Excel 的一张工作表，命名为"生产成本明细账—甲产成品—分项结转"。在该表上设计生产成本（甲产成品—分项结转）明细账格式，并根据各种生产费用分配表、半成品领用单、产成品交库单以及第二车间在产品定额成本资料，登记生产成本（甲产成品—分项结转）明细账，如图 7-7 所示。

摘要	数量（件）	成本项目			
		半成品	工资及福利费	制造费用	合计
月初在产品（定额成本）					=SUM(C5:E5)
本月生产费用		=产成品明细帐—甲半成品!F9			=SUM(C6:E6)
合计		=C5+C6	=D5+D6	=E5+E6	=F5+F6
完工转出产成品成本		=C7-C10	=D7-D10	=E7-E10	=F7-F10
产成品单位成本		=C8/$B$8	=D8/$B$8	=E8/$B$8	=F8/$B$8
月末在产品（定额成本）					=SUM(C10:E10)

生产成本明细帐　车间：第二车间　产品：甲产品　单位：元

图 7-6 "生产成本（甲产成品—综合结转）明细账"公式设置

摘要	数量（件）	成本项目			
		原材料	工资及福利费	制造费用	合计
月初在产品（定额成本）		2310	2500	5320	10130
本月本步生产费用			2800	5925	8725
本月耗用半成品费用		5339.25	3290.05	6805.7	15435
合计		7649.25	8590.05	18050.7	34290
完工转出产成品成本	100	5369.25	6130.05	12750.7	24250
产成品单位成本		53.69	61.30	127.51	242.50
月末在产品（定额成本）		2280	2460	5300	10040

生产成本明细帐　车间：第二车间　产品：甲产品　单位：元

图 7-7　生产成本（甲产成品—分项结转）明细账

在图 7-7 中，"本月耗用半成品费用"栏成本项目中的数据与"产成品明细账—甲半成品"工作表"本月减少"栏的分项指标——"原材料"、"工资及福利费"和"制造费用"数据链接，链接和其他公式设置如图 7-8 所示。

摘要	数量（件）	成本项目			
		原材料	工资及福利费	制造费用	合计
月初在产品（定额成本）					=SUM(C5:E5)
本月本步生产费用					=SUM(C6:E6)
本月耗用半成品费用		=产成品明细帐—甲半成品!C9	=产成品明细帐—甲半成品!D9	=产成品明细帐—甲半成品!E9	=SUM(C7:E7)
合计		=C5+C6+C7	=D5+D6+D7	=E5+E6+E7	=F5+F6+F7
完工转出产成品成本		=C8-C11	=D8-D11	=E8-E11	=F8-F11
产成品单位成本		=C9/$B$9	=D9/$B$9	=E9/$B$9	=F9/$B$9
月末在产品（定额成本）					=SUM(C11:E11)

生产成本明细帐　车间：第二车间　产品：甲产品　单位：元

图 7-8 "生产成本（甲产成品—分项结转）明细账"公式设置

从示例中我们看到，生产成本（甲产成品—综合结转）明细账和生产成本（甲产成品—分项结转）明细账均自动生成，也就是说，同时实现了逐步结转分步法的综合结转和分项结转。

示例中，为简单计假定甲产品生产仅有两个步骤。如果步骤更多，可按照完全相同的原理，设置各步的半成品和生产成本明细账。

仿示例，以链接的方法完全可以方便地用 Excel 设计其他成本核算系统。

本章小结

本章在 Excel 环境下提出了解决工业企业成本核算分步法成本还原问题的方法。

在手工环境下，逐步结转分步法的综合结转需要进行成本还原的工作。这是因为既然选择了综合结转就不再采用分项结转，以避免做两套账，增加工作量。但在 Excel 环境下，由于计算机高效处理数据的能力，综合结转和分项结转完全可以同时进行，成本还原问题也就迎刃而解。

手工环境与计算机环境是完全不同的两种状态，计算机的高效数据处理能力使我们的观念发生了转变。在本章我们初步体会到了"基于计算机环境来考虑如何管理会计信息"的意义。

思考与练习题

1. 手工环境为什么会产生"成本还原"问题，而在计算机环境下这一问题就变得简单了？

2. 示例中是怎样实现综合结转和分项结转同时进行的？

3.（1）怎样实现 Excel 数据的链接？

（2）试选择一个工业企业用定额法（或分类法、分批法、品种法）核算成本的示例，在 Excel 上以链接方式设计成本核算表格。

第8章 工资管理

本章要点：

- 工资标准数据的读取；
- 如何用代码自动填充公式；
- Select Case 语句的应用。

如果单位员工较多且人员和岗位变动频繁，工资管理就成为一件麻烦的事。本章介绍了一个在 Excel 上设计的工资管理系统，利用它可以很方便地进行工资的管理。另外，在章末还讨论了如何自动完成普遍调整工资的问题。

8.1 "工资管理系统"的设计

"工资管理系统"的设计步骤如下。

（1）列示工资标准。新建立一个"工资管理系统"文件，选定该文件的一张工作表，命名为"工资标准"，在该表上设计反映员工工资标准的栏目，如图 8-1 所示。

（2）以工作表的一行反映一名员工的工资数据。再选定"工资管理系统"文件的一张工作表，命名为"工资单"，在该表上设计反映员工工资的栏目，如图 8-2 所示。

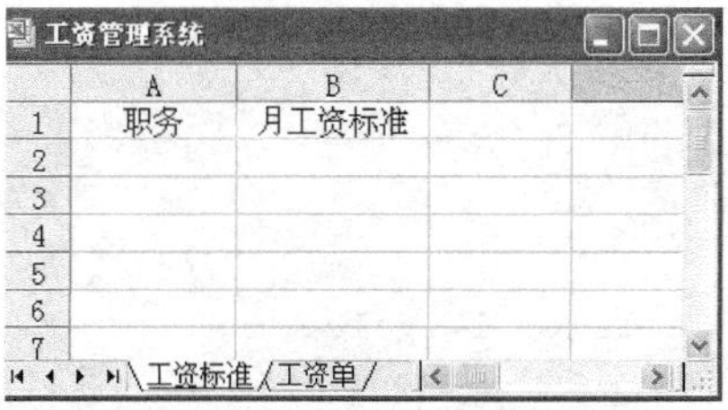

图 8-1 "工资标准"工作表格式

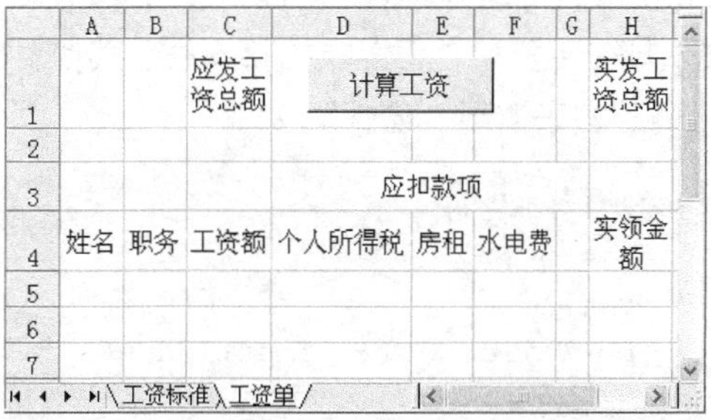

图 8-2 "工资单"工作表格式

（3）用公式建立工资数据之间的关联关系。图 8-2 中的"个人所得税"、"实领金额"、"应发工资总额"和"实发工资总额"栏数据均通过设置公式自动生成，公式设置如图 8-3 所示。

图 8-3 在"个人所得税"栏公式中的 IF 函数使用了嵌套的方法，分别依级确定纳税额。

另外，公式是参照表 8-1 所示的"个人所得税税率表"标准设置的。如果纳税标准变动，可直接修改公式设置的标准金额。

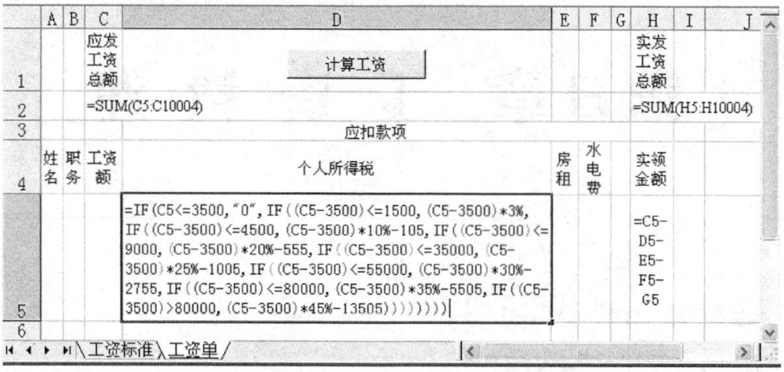

图 8-3 "工资单"工作表公式设置

表 8-1 个人所得税税率表

级　数	全月应纳税所得额	税率（%）	速算扣除数（元）
1	不超过 1500 元的	3	0
2	超过 1500 元至 4500 元的部分	10	105
3	超过 4500 元至 9000 元的部分	20	555
4	超过 9000 元至 35000 元的部分	25	1005
5	超过 35000 元至 55000 元的部分	30	2755
6	超过 55000 元至 80000 元的部分	35	5505
7	超过 80000 元的部分	45	13505

注：本表所称全月应纳税所得额是指以每月收入额减除 3500 元后的余额。

在"应发工资总额"和"实发工资总额"栏公式中，系统假定汇总至 10 004 行。

"应扣款项"栏仅设计了"个人所得税"、"房租"、"水电费"，以及一个待定项目，可按实际需要增加栏目，并相应修改有关公式。

（4）设计宏自动确定工资额和填充公式。我们希望，一旦明确了某员工的职务，工资额就能按工资标准自动确定；另外，"个人所得税"和"实领金额"栏只在记录的第一行设计了公式，即"工资单"工作表的第 5 行，其他行公式要求能自动填充。这可以通过设计一个"计算工资"宏来实现。宏代码如下：

```
Sub 计算工资()
   x = 5
   y = 1
   Do While Not (IsEmpty(Sheets("工资标准").Cells(y, 1).Value))
      y = y + 1
   Loop
   z = 4
   Do While Not (IsEmpty(Sheets("工资单").Cells(z, 1).Value))
      z = z + 1
   Loop
   If IsEmpty(Sheets("工资单").Cells(5, 1).Value) Or IsEmpty(Sheets("工资标
准").Cells(2, 1).Value) Then
      Exit Sub
```

```
        Else
            For m = 5 To z - 1
              Found = False
              For n = 2 To y - 1
                If Sheets("工资单").Cells(x, 2) = Sheets("工资标准").Cells(n, 1) Then
                    Found = True
                    Exit For
                End If
              Next n
              If Found = True Then
                  Sheets("工资单").Cells(x, 3) = Sheets("工资标准").Cells(n, 2)
              End If
              x = x + 1
            Next m
        End If
        '以上代码, 只要在"工资单"工作表上确定了员工的职务就依据"工资标准"工作表上的工资标准
        自动确定员工的工资
        If IsEmpty(Sheets("工资单").Cells(6, 1).Value) Then
            Exit Sub
            '以上2行代码,如果"工资单"工作表单元格 Cells(6, 1)的值为空,则退出程序
        Else
            Range("D5").Select
            '选定区域 D5.
            Selection.AutoFill Destination:=Range(Cells(5, 4), Cells(z - 1, 4)),
        Type:=xlFillDefault
            '向下自动填充公式至 z - 1 行,记录末行数 z - 1 前已确定
            Range("H5").Select
            Selection.AutoFill Destination:=Range(Cells(5, 8), Cells(z - 1, 8)),
        Type:=xlFillDefault
        End If
        '以上8行代码自动填充公式
End Sub
```

为方便执行宏,"计算工资"宏指定给"工资单"工作表上的按钮"计算工资",参见图 8-2。

8.2 关于"计算工资"宏的说明

1."计算工资"宏的意义

在系统设计中,也可以不使用宏。一个办法是,每新增加一名员工即参照工资标准键盘输入其工资,然后利用 Excel 自动填充功能填充公式,计算该员工的工资情况。但这个办法的缺点是,每增加一名员工就要输入一次工资,填充一次公式,比较麻烦,且容易出错。另一个办法是,用 Excel 的自动填充功能事先设定足够的"个人所得税"和"实领金额"栏公式,例如 1 000 行(当然,员工的工资仍要键盘输入)。但这样做,又有可能由于不需要这么多行公式而造成资源的浪费。

从系统优化的角度考虑，两种办法都不能令人满意，而采用宏就可以轻松地解决上述问题。"计算工资"宏可以依据"工资标准"工作表上的数据自动确定员工的工资，还可以自动填充公式。在使用系统时，只需要输入员工的姓名和职务（这两项必须人工输入），后面的工作都可以由宏来完成。在这里，我们看到利用宏可以实现系统的优化。

2. 自动确定员工工资的实现

在代码中为了实现自动确定员工工资的功能，采用了 4.3 节"确定记录的末行数"和"查找某一记录"的技术，从"工资标准"工作表读取员工工资额数据。

代码

```
x = 5
For n = 2 To y - 1
    If Sheets("工资单").Cells(x, 2) = Sheets("工资标准").Cells(n, 1) Then
            Found = True
            Exit For
    End If
Next n
```

先从"工资单"工作表单元格 Cells(x,2) (x = 5)，即 Cells(5,2)查起。Cells(5,2)值为第一条员工工资记录的职务。通过循环语句在"工资标准"工作表第 1 列，从第 2 行到记录的末行 y-1 查找相应职务。如果找到了，那么 n 值确定，如 n=2。并通过下面的代码

```
Sheets("工资单").Cells(x, 3) = Sheets("工资标准").Cells(n, 2)
```

将"工资标准"工作表上由职务对应的工资额传递给"工资单"工作表员工工资记录。例如，当 n = 2 时，Sheets("工资标准").Cells(n,2)的值为 6000，故 Sheets("工资单").Cells(x,3)（x = 5）的值为 6000。然后，通过代码

```
For m = 5 To z - 1
    ...
    x = x + 1
Next m
```

循环，再查 Cells(6,2)…直至 Cells(z - 1,2)。

3. 自动填充公式代码的编写

"计算工资"宏中的自动填充公式代码

```
Selection.AutoFill Destination:=Range(Cells(5, 4), Cells(z - 1, 4)), Type:=
xlFillDefault
```

是通过"录制"的方式改写而来，方法如下。
（1）选择"工具"→"宏"→"录制新宏"命令，显现"停止录制"浮标。
（2）选定区域 D5。
（3）用光标指定区域 D5 右下角，显现小"+"字。
（4）按鼠标左键向下拉动填充公式，假定至第 8 行。
（5）单击"停止录制"浮标。

完成以上各步后，在新录制的宏中即可见第（2）至第（4）步自动填充公式操作所转换成的代码：

```
Range("D5").Select
Selection.AutoFill Destination:=Range("D5:D8"), Type:=xlFillDefault
```

将以上代码中的固定区域 D5:D8 改为变动区域（Cells(5,4),Cells(z-1,4)）。这样，就得到了"计算工资"宏的关键代码——自动填充公式代码：

```
Selection.AutoFill Destination:=Range(Cells(5, 4), Cells(z - 1,4)), Type:=
xlFillDefault
```

4．检验特定单元格值的目的

在确定员工工资额前，通过代码

```
If IsEmpty(Sheets("工资单").Cells(5, 1).Value) Or IsEmpty(Sheets("工资标准").
Cells(2, 1).Value) Then
    Exit Sub
Else
    ...
End If
```

先对"工资单"工作表的单元格 Cells(5,1)和"工资标准"工作表的单元格 Cells(2,1)进行是否为空的判断。按图 8-1 格式设计，"工资标准"工作表的单元格 Cells(2,1)为工资标准首行记录的第 1 个单元格，其值为空认为没有确定工资标准。按图 8-2 格式设计，"工资单"工作表的单元格 Cells(5,1)为员工工资首行记录的第 1 个单元格，其值为空表示无任何员工工资记录。不论出现哪种情况，计算工资都失去了意义，故退出程序。

在进行公式自动填充前，通过代码

```
If IsEmpty(Sheets("工资单").Cells(6, 1).Value) Then
    Exit Sub
Else
    ...
End If
```

先对"工资单"工作表的单元格 Cells(6,1)进行是否为空的判断。按图 8-2 格式设计，"工资单"工作表的单元格 Cells(6,1)为员工工资次行记录的第 1 个单元格，其值为空表示只有首行记录。而"工资单"工作表的格式已设计好计算首行员工工资的公式，不必进行公式填充，故退出程序。

需要指出的是，"计算工资"宏检验特定单元格值的工作并不是画蛇添足。否则，一旦这些特定单元格值为空，程序执行就会出错。

8.3 "工资管理系统"的特点及应用

设计的工资管理系统有以下特点。

（1）设计工作量小。系统的设计是依托 Excel 进行的，大量的基础工作，如数据格式设计可以直接在工作表上完成，不必使用代码，因而系统使用的宏代码较少。

（2）维护方便。由于系统是使用者自己设计的，故可以根据需要随时进行修改。如修改个人所得税的征税标准，增减应扣款项等。

（3）效率高。使用系统时只需要输入员工姓名和职务，自动化程度较高。

下面举例说明系统的应用。假定某单位工资标准及员工职务如图 8-4、图 8-5 所示。

单击“计算工资”按钮，即自动确定工资额，并计算“个人所得税”、“实领金额”等数据，如图 8-6 所示。

工资管理系统.xls

	A	B	C
1	职务	月工资标准	
2	总经理	6000	
3	副总经理	5000	
4	部门经理	4000	
5	部门副经理	3500	
6	一般员工	2500	
7			

工资标准 / 工资单

图 8-4　某单位工资标准

	A	B	C	D	E	F	G	H
1			应发工资总额	计算工资				实发工资总额
2								
3					应扣款项			
4	姓名	职务	工资额	个人所得税	房租	水电费		实领金额
5	张三	总经理						
6	李四	一般员工						
7	王五	部门经理						
8								

工资标准 / 工资单

图 8-5　某单位员工职务

	A	B	C	D	E	F	G	H
1			应发工资总额	计算工资				实发工资总额
2			12500					11825
3					应扣款项			
4	姓名	职务	工资额	个人所得税	房租	水电费		实领金额
5	张三	总经理	6000	475				5525
6	李四	一般员工	2500	25				2475
7	王五	部门经理	4000	175				3825
8								

工资标准 / 工资单

图 8-6　某单位工资清单

8.4　工 资 调 整

在工资管理中，可能遇到工资调整的问题，普遍的工资调整一般需要特别处理。下面的例子可以自动完成这一工作。

设某学校的职工人事数据保存在 Excel 工作表中，如图 8-7 所示。

	A	B	C	D	E	F
1	某学校工资调整表					
2						
3	职工编号	姓名	职称	基本工资	增加工资	增加后的工资
4	zg2008101	张三	讲师	870		
5	zg2008102	李四	助教	653		
6	zg2008103	王五	副教授	1200		
7	zg2008104	赵一	助工	640		
8	zg2008105	钱二	工程师	900		
9	zg2008106	孙八	教授	1675		
10	zg2008107	刘九	高级工程师	1543		

图 8-7　调整前的工作表

现在按职称提升每位职工的工资，各种职称的工资增长情况如下：教授 150，副教授 130，讲师 100，助教 80，高级工程师 150，工程师 140，助工 90。

如果用人工的方式为每位职工增加工资，当单位人数较多时，不但麻烦，而且容易出错。

现在，在该工作簿的模块表中建立一个如下的自定义函数：

```
Function addsalary( 职称 )
     Select Case 职称
         Case "教授", "高级工程师"
            addsalary = 150
         Case "副教授"
            addsalary = 130
         Case "讲师"
            addsalary = 100
         Case "助教"
            addsalary = 80
         Case "工程师"
            addsalary = 140
         Case "助工"
            addsalary = 90
    End Select
End Function
```

在 VBA 中，变量可以用汉字定义，所以把“职称”作为一个参数，然后用 Select Case 语句判定这个参数是哪种职称，并根据它的值决定自定义函数 addsalary 的值。比如：

```
Case "副教授"
     addsalary = 130
```

其意义为：如果“职称”参数的值为“副教授”，则自定义函数 addsalary 的值为 130。因为教授和高级工程师增加的工资是相同的，所以把它们写在一条语句中：

```
Case "教授", "高级工程师"
     addsalary = 150
```

编写好上面的函数之后，在图 8-7 工资表的 E4 单元格中输入公式“=addsalary(c4)”，然后把该公式向下填充复制到最后一位职工所在的数据行，Excel 就会利用自定义函数 addsalary 计算出每位职工应增加的工资。E 列数据计算出来之后，F 列的数据就轻松可得了。图 8-8 显示出了利用自定义函数求解的结果。

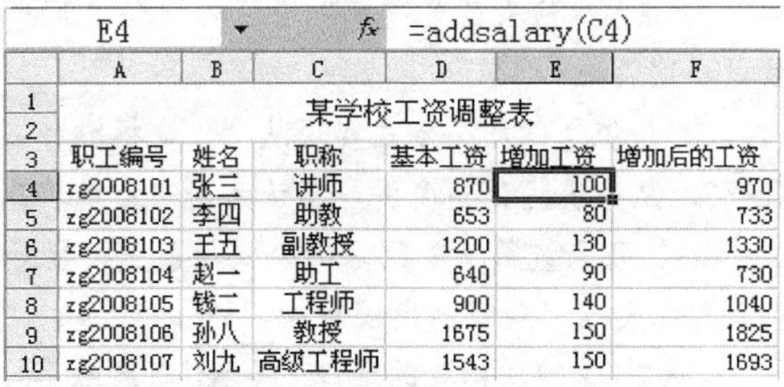

E4 =addsalary(C4)

	A	B	C	D	E	F
1	某学校工资调整表					
2						
3	职工编号	姓名	职称	基本工资	增加工资	增加后的工资
4	zg2008101	张三	讲师	870	100	970
5	zg2008102	李四	助教	653	80	733
6	zg2008103	王五	副教授	1200	130	1330
7	zg2008104	赵一	助工	640	90	730
8	zg2008105	钱二	工程师	900	140	1040
9	zg2008106	孙八	教授	1675	150	1825
10	zg2008107	刘九	高级工程师	1543	150	1693

图 8-8　用自定义函数计算增加工资

在自定义函数 addsalary 中使用了 Select Case 语句。

Select Case 语句是一种多分支情况语句，它的语法结构如下：

```
Select Case 测试表达式
    Case  表达式1
        语句块1
    Case  表达式2
        语句块2
    …
    Case  表达式n
        语句块n
End Select
```

Select Case 语句的功能是从多个 Case 语句中选择一个符合条件的 Case 语句执行。也可以用条件语句

```
If … Then
    …
Else
    …
End If
```

达到同样的效果，但要麻烦得多。

本章小结

本章讨论了工资管理系统的设计及工资调整问题。显然，在 Excel 上进行工资的管理效率较高，且系统的设计成本低，维护方便。

不知读者是否注意到，第 7 章讨论解决成本还原问题时并未使用宏。但从本章我们可以看到，使用宏可以使系统更加优化。除了一些是机器（计算机）无能为力外，例如本章工资管理系统中姓名、职务的输入，其他都可以交给机器做。在系统设计中，我们总是将工作表的数据格式与宏的设计互相结合起来，在工作表上完成基础工作，用宏提高数据的自动化处理能力。这样，可以达到系统设计工作量小而信息管理效率高的目的。

思考与练习题

1. 系统"应发工资总额"栏公式设在"工资额"栏的上方有什么好处？可否设在下方？试做一试验。

2. 系统是以什么方式实现从"工资标准"工作表自动读取工资额数据的？

3. 从系统优化角度讲，您认为用宏自动填充公式与事先设置公式哪一种方式较好？

4. （1）系统第一条记录的公式是事先设置好的，但未加保护。请进行保护设置，然后执行计算工资宏，观察会出现什么问题。

   （2）试解决出现的问题（提示：可删除第一条记录的公式设置，用代码填充这些公式）。

5. 在计算工资宏中删去代码

```
Or IsEmpty(Sheets("工资标准").Cells(2, 1).Value)
```

然后，让"工资标准"工作表的单元格 Cells(2, 1)值为空，执行宏观察会出现什么情况。

6. 试将自定义函数 addsalary 中的 Select Case 语句改为条件语句

```
If … Then
…
Else
…
End If
```

实现自动调整工资功能，并进行比较。

第 9 章　固定资产管理

本章要点：

- 判断是否应提折旧的公式设置；
- 如何用代码实现单元格数值自动加 1。

固定资产管理的一个关键问题是计提折旧。折旧可以采用综合折旧法、分类折旧法和个别折旧法。相比之下，个别折旧法比较科学。但在固定资产数量很大的情况下，由于个别折旧法需要对每一项固定资产分别计提折旧，所以在手工环境下比较麻烦。为解决这一问题，本章设计了一个固定资产管理系统，在这个系统中可以按个别折旧法自动计算折旧。

9.1　"固定资产管理系统"的设计

"固定资产管理系统"的设计步骤如下。

（1）以 Excel 一张工作表的一行反映一项固定资产的资料。选定 Excel 的一张工作表，命名为"固定资产管理"，在该表上设计系统的相应栏目，如图 9-1 所示。

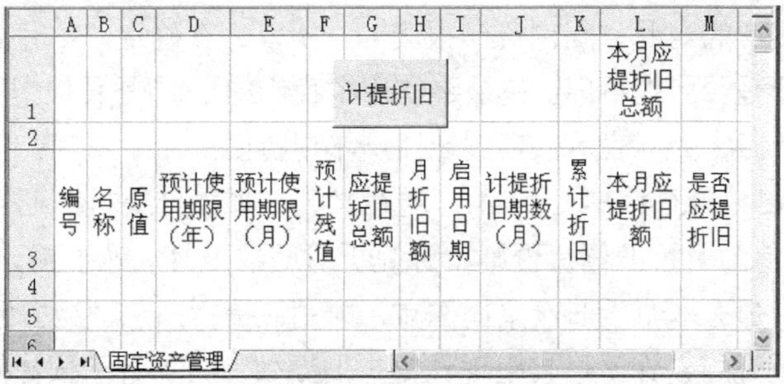

图 9-1　"固定资产管理系统"界面

（2）用公式建立每一项固定资产数据之间的关联关系。图 9-1 中的"预计使用期限（月）"、"预计残值"、"应提折旧总额"、"月折旧额"、"累计折旧"、"本月应提折旧额"和"本月应提折旧总额"栏数据，通过设置公式自动生成，公式设置如图 9-2、图 9-3 所示。

注意"本月应提折旧总额"栏求和公式"=SUM（L4∶L20000）"求和的最后一行为 20 000，是考虑设大一些，以包括所有固定资产记录。

图 9-2 "固定资产管理系统"公式

A B C	D	E	F	G	H	I	J
编号 名称 原值	预计使用期限（年）	预计使用期限（月）	预计残值	应提折旧总额	月折旧额	启用日期	计提折旧期数（月）
		=D4*12	=C4*3%	=C4-F4	=ROUND(G4/E4,2)		

K	L	M
	本月应提折旧总额	
	=SUM(L4:L20000)	
累计折旧	本月应提折旧额	是否应提折旧
=IF(J4<E4,J4*H4,G4)	=IF(M4=0,0,IF(J4<E4,H4,G4-(E4-1)*H4))	

图 9-3 续图 9-2

系统设计中，假定残值按原值的 3%预计，固定资产折旧方法均为直线折旧。

下面举例说明系统公式设置中 IF 函数的意义。

例如，公式"=IF(J4<E4,J4*H4,G4)"的执行结果为：如果 J4<E4，那么值为 J4*H4，否则值为 G4。在"累计折旧"栏中，这一公式的实际意义是，如果计提折旧期数（月）小于预计使用期限（月），那么累计折旧的值为月折旧额与计提折旧期数（月）的积，否则累计折旧的值为应提折旧总额。这是据会计学"累计折旧"的意义确定的。

在"本月应提折旧额"栏公式中的 IF 函数使用了嵌套的方法，如"=IF(M4=0,0,IF(J4<E4,H4,G4-(E4-1)*H4))"。

第一层"IF(M4=0,0,IF(…))"的意义为如果"是否应提折旧"栏为 0，那么，本月应提折旧额为 0；否则，执行下一层条件函数。

这里为什么要先判断"是否应提折旧"栏是否为 0，是因为固定资产有些情况是不提折旧的，如使用固定资产的当月、固定资产报废等。所以，在确定"本月应提折旧额"时，应先判断该项固定资产是否应提折旧。在系统使用中我们约定，"是否应提折旧"栏下为 1 表示该项固定资产应提折旧，为 0 表示该项固定资产不提折旧。

第二层"IF(J4<E4,H4,G4-(E4-1)*H4)"的意义为，如果计提折旧期数（月）小于预计使用期限（月），那么值为月折旧额；否则，计提折旧期数（月）等于预计使用期限（月），也就是最后一期折旧，那么本月折旧额采用倒减，即用应提折旧总额减去已提折旧额。

应当指出，按系统的设计，不会出现计提折旧期数（月）大于预计使用期限（月）的情况。关于这一点在本章末说明。

（3）设计一个宏，自动计算所有固定资产的"计提折旧期数（月）"和自动填充记录公式。

从系统公式定义中可以知道，欲自动计算折旧，关键在于自动生成每一项固定资产的"计提折旧期数（月）"；另外，需要自动填充记录公式，这可以通过下面的宏完成。

```
Sub 计提折旧()
    x = 3
```

```
Do While Not (IsEmpty(Sheets("固定资产管理").Cells(x, 1).Value))
    x = x + 1
Loop
Range("E4:H4").Select
Selection.AutoFill Destination:=Range(Cells(4, 5), Cells(x - 1, 8)), Type:=
xlFillDefault
Range("K4:L4").Select
Selection.AutoFill Destination:=Range(Cells(4, 11), Cells(x - 1, 12)),
Type:=xlFillDefault
For t = 4 To x - 1
    If Sheets("固定资产管理").Cells(t, 13).Value = 1 Then
        Cells(t, 10) = Cells(t, 10)+1
    End If
Next t
'以上 5 行为一组计数式循环语句, 执行时, 从"固定资产管理"工作表坐标为第 4 行第 13 列的单
元格起, 到坐标为第 x - 1 行第 13 列的单元格止, 一一判断, 如果单元格值为 1, 那么该单元格所
在第 t 行的 Cells(t, 10)单元格数值自动加 1
End Sub
```

为方便执行宏, 可在"固定资产管理"工作表上设置按钮"计提折旧", 并指定宏"计提折旧", 见图 9-1。

9.2 关于"计提折旧"宏的说明

"计提折旧期数(月)"指标要求, 如果不折旧, 该指标不动; 如果要折旧, 需在上月数字上加 1。这一功能是通过代码

```
For t = 4 To x - 1
    If Sheets("固定资产管理").Cells(t, 13).Value = 1 Then
        Cells(t, 10) = Cells(t, 10)+1
    End If
Next t
```

来实现的, 在 Excel 的工作表上通过设置公式等手段很难做到这一点。

在 8.2 节, 我们以"计算工资"宏为例曾经指出宏可以实现系统的优化。在这里, 可以看到, 系统的一些功能不得不依赖宏来完成。所以, 我们再次重复这一观点, 一个好的信息管理系统往往是 Excel 工作表上的数据格式与宏相结合的产物。

9.3 "固定资产管理系统"应用示例

下面举一个例子, 结合系统的使用说明宏代码

```
For t = 4 To x - 1
    If Sheets("固定资产管理").Cells(t, 13).Value = 1 Then
        Cells(t, 10) = Cells(t, 10)+1
```

```
        End If
    Next t
```

的作用。

假定设备 A、B 和 C 分别于 2000 年 3 月、7 月和 8 月开始启用（当前月为 2000 年 8 月），其“编号”、“名称”等数据如图 9-4 所示。

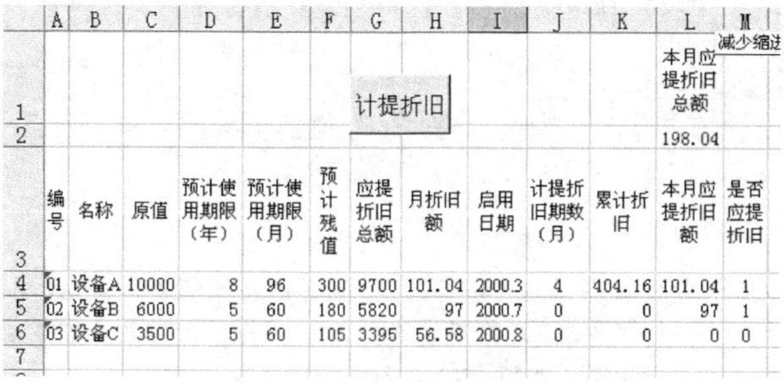

	A	B	C	D	E	F	G	H	I	J	K	L	M
1						计提折旧						本月应提折旧总额	减少缩过
2												198.04	
3		编号	名称	原值	预计使用期限（年）	预计使用期限（月）	预计残值	应提折旧总额	月折旧额	启用日期	计提折旧期数（月）	累计折旧	本月应提折旧额	是否应提折旧
4		01	设备A	10000	8	96	300	9700	101.04	2000.3	4	404.16	101.04	1
5		02	设备B	6000	5	60	180	5820	97	2000.7	0	0	97	0
6		03	设备C	3500	5	60	105	3395	56.58	2000.8	0	0	0	0
7													

图 9-4 “固定资产管理系统”示例

在系统使用时作如下的要求。

（1）当月启用的固定资产记入系统时，“计提折旧期数（月）”和“是否应提折旧”栏均输入 0（“是否应提折旧”栏输入 0 表示不应提折旧），如图 9-4 所示的设备 C。

（2）对于上月启用的固定资产，将“是否应提折旧”栏数字 0 改为 1（“是否应提折旧”栏输入 1 表示应提折旧），如图 9-4 所示的设备 B。

（3）对于因超过使用期或出售、报废等不再计提折旧的固定资产，将“是否应提折旧”栏数字 1 改为 0。

这样，当执行上述程序时，首先判定某一固定资产是否应提折旧。如果不应提折旧，这样，保持原有折旧数据，即“计提折旧期数（月）”和“累计折旧”栏数据不变。如果应提折旧，则在“计提折旧期数（月）”栏原有数据上自动加 1，“累计折旧”栏数据也相应增加一个月的折旧额。

单击“计提折旧”按钮，系统自动计算结果如图 9-5 所示。

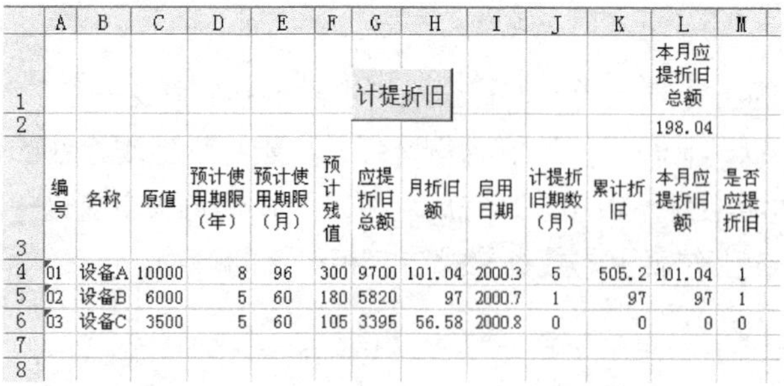

	A	B	C	D	E	F	G	H	I	J	K	L	M
1						计提折旧						本月应提折旧总额	
2												198.04	
3		编号	名称	原值	预计使用期限（年）	预计使用期限（月）	预计残值	应提折旧总额	月折旧额	启用日期	计提折旧期数（月）	累计折旧	本月应提折旧额	是否应提折旧
4		01	设备A	10000	8	96	300	9700	101.04	2000.3	5	505.2	101.04	1
5		02	设备B	6000	5	60	180	5820	97	2000.7	1	97	97	1
6		03	设备C	3500	5	60	105	3395	56.58	2000.8	0	0	0	0
7													
8													

图 9-5 “固定资产管理系统”示例执行结果

欲计提 2000 年 9 月的折旧，先在设备 C 的“是否应提折旧”栏中将数字 0 改为 1，再单击“计提折旧”按钮即可。

现在我们说明，为什么不会出现计提折旧期数（月）大于预计使用期限（月）的情况。按系统使用的第（3）条要求，一旦固定资产提足折旧（超过使用期），即将“是否应提折旧”栏数字 1 改为 0。这样，执行计提折旧宏时计提折旧期数（月）就不会再增加。也就是说，计提折旧期数（月）数字最大达到预计使用期限（月）。

9.4 折 旧 函 数

关于固定资产管理，如果固定资产较少则不必应用专门的管理系统，利用 Excel 内置的财务函数即可以非常方便地计提固定资产折旧。下面举例说明。

1．直线法

利用 SLN 函数。

示例：某项固定资产原值为 30 000 元，预计净残值为 1 800 元，使用年限为 4 年。

选定一张工作表，输入 SLN 函数及其他内容，如图 9-6 所示。

	A	B	C	D
1			直线法折旧计算表	
2				
3	年份	期初账面余额	折旧额	期末账面余额
4	1	30000	=SLN (30000, 1800, 4)	=B4-C4
5	2	=D4	=SLN (30000, 1800, 4)	=B5-C5
6	3	=D5	=SLN (30000, 1800, 4)	=B6-C6
7	4	=D6	=B7-D7	1800

图 9-6　直线法折旧示例函数等设置

在图 9-6 中，SLN（参数 1，参数 2，参数 3）函数参数 1 为固定资产原值，参数 2 为净残值，参数 3 为预计使用年限；最后一年的折旧额采用倒减净残值的方式得出。计算结果如图 9-7 所示。

2．余额递减法

利用 DB 函数。

示例：某项固定资产原值为 4 000 元，预计净残值为 400 元，使用期限为 8 年。

选定一张工作表，输入 DB 函数及其他内容，如图 9-8 所示。

	A	B	C	D
1			直线法折旧计算表	
2				
3	年份	期初账面余额	折旧额	期末账面余额
4	1	30000.00	7050.00	22950.00
5	2	22950.00	7050.00	15900.00
6	3	15900.00	7050.00	8850.00
7	4	8850.00	7050.00	1800.00

图 9-7　直线法折旧示例计算结果

	A	B	C	D
1			余额递减法折旧计算表	
2				
3	年份	期初账面余额	折旧额	期末账面余额
4	1	4000	=DB (4000, 400, 8, 1)	=B4-C4
5	2	=D4	=DB (4000, 400, 8, 2)	=B5-C5
6	3	=D5	=DB (4000, 400, 8, 3)	=B6-C6
7	4	=D6	=DB (4000, 400, 8, 4)	=B7-C7
8	5	=D7	=DB (4000, 400, 8, 5)	=B8-C8
9	6	=D8	=DB (4000, 400, 8, 6)	=B9-C9
10	7	=D9	=DB (4000, 400, 8, 7)	=B10-C10
11	8	=D10	=B11-D11	400

图 9-8　余额递减法折旧示例函数等设置

在图 9-8 中，DB（参数 1，参数 2，参数 3，参数 4）函数参数 1 为固定资产原值，参数 2 为净残值，参数 3 为预计使用年限，参数 4 为折旧计算期次，计算结果如图 9-9 所示。

3．双倍余额递减法

利用 DDB 函数。

示例：某项固定资产原值为 16 000 元，预计净残值为 500 元，使用期限为 5 年。选定一张工作表，输入 DDB 函数及其他内容，如图 9-10 所示。

	A	B	C	D
1			余额递减法折旧计算表	
2				
3	年份	期初账面余额	折旧额	期末账面余额
4	1	4000.00	1000.00	3000.00
5	2	3000.00	750.00	2250.00
6	3	2250.00	562.50	1687.50
7	4	1687.50	421.88	1265.63
8	5	1265.63	316.41	949.22
9	6	949.22	237.30	711.91
10	7	711.91	177.98	533.94
11	8	533.94	133.94	400.00

图 9-9　余额递减法折旧示例计算结果

	A	B	C	D
1			双倍余额递减法折旧计算表	
3	年份	期初账面余额	折旧额	期末账面余额
4	1	16000	=DDB (16000, 500, 5, 1)	=B4-C4
5	2	=D4	=DDB (16000, 500, 5, 2)	=B5-C5
6	3	=D5	=DDB (16000, 500, 5, 3)	=B6-C6
7	4	=D6	=SLN (3456, 500, 2)	=B7-C7
8	5	=D7	=B8-D8	500

图 9-10　双倍余额递减法折旧示例函数等设置

在图 9-10 中，DDB（参数 1，参数 2，参数 3，参数 4）函数参数的意义同 DB 函数，计算结果如图 9-11 所示。

本示例中最后两年采用了直线折旧。

4. 年限总和法

利用 SYD 函数。

示例：某项固定资产原值为 10 000 元，预计净残值为 1 000 元，使用年限为 5 年。

	A	B	C	D
1			双倍余额递减法折旧计算表	
2				
3	年份	期初账面余额	折旧额	期末账面余额
4	1	16000.00	6400.00	9600.00
5	2	9600.00	3840.00	5760.00
6	3	5760.00	2304.00	3456.00
7	4	3456.00	1478.00	1978.00
8	5	1978.00	1478.00	500.00

图 9-11　双倍余额递减法折旧示例计算结果

选定一张工作表，输入 SYD 函数及其他内容，如图 9-12 所示。

在图 9-12 中，SYD（参数 1，参数 2，参数 3，参数 4）函数参数的意义也与 DB 函数相同，计算结果如图 9-13 所示。

	A	B	C	D
1			年限总和法折旧计算表	
2				
3	年份	期初账面余额	折旧额	期末账面余额
4	1	10000	=SYD(10000,1000,5,1)	=B4-C4
5	2	=D4	=SYD(10000,1000,5,2)	=B5-C5
6	3	=D5	=SYD(10000,1000,5,3)	=B6-C6
7	4	=D6	=SYD(10000,1000,5,4)	=B7-C7
8	5	=D7	=B8-D8	1000

图 9-12　年限总和法折旧示例函数等设置

	A	B	C	D
1			年限总和法折旧计算表	
2				
3	年份	期初账面余额	折旧额	期末账面余额
4	1	10000.00	3000.00	7000.00
5	2	7000.00	2400.00	4600.00
6	3	4600.00	1800.00	2800.00
7	4	2800.00	1200.00	1600.00
8	5	1600.00	600.00	1000.00

图 9-13　年限总和法折旧示例计算结果

📖 本章小结

本章介绍的固定资产管理系统可以按个别折旧法自动计算折旧，从而解决了固定资产管理计提折旧的问题。如果固定资产较少，也可以直接利用 Excel 的折旧函数逐项进行折旧。当然，如果固定资产较多，但是绝大多数均按直线法折旧，仅有少数采用加速折旧，那么，可以直线折旧的应用系统管理，加速折旧的则利用折旧函数逐项进行。

在本章我们看到，系统的一些功能不得不依赖宏来完成。一般来讲，只要合理地使用计算机语言，我们就可以做到让设计的系统达到一种"随心所欲"的效果。

思考与练习题

1. 系统是以什么方式判断固定资产是否应提折旧的？

2. 能否不用宏实现单元格数值自动加 1 的功能？

3. （1）在系统只有一条记录时执行计提折旧宏，观察会出现什么问题。

   （2）试解决出现的问题（提示：修改宏，仿第 8 章计算工资宏先检验特定单元格值）。

4. （1）在工资管理系统和固定资产管理系统的数据格式设计中，均使用了条件函数的嵌套方法，能否设计一个宏不用函数达到同样的效果，请做一试验。

   （2）续第（1）题，试比较是设置函数还是设计一个宏好。

第10章 材料管理

本章要点：

设置移动成本差异分配率的意义。

材料核算分按实际成本核算与按计划成本核算。本章介绍的"材料实际成本核算系统"与"材料计划成本核算系统"改进了手工环境下的材料成本核算方法。当然，这种改进是以在计算机环境下进行材料成本核算为前提的。

10.1 "材料实际成本核算系统"的设计及应用示例

材料按实际成本核算有先进先出、后进先出、加权平均、移动平均等方法，移动平均法比较科学但核算的工作量较大。下面介绍如何在 Excel 上设计一个"材料实际成本核算系统"，按移动平均法管理材料。

1．移动平均法说明

移动平均法在算法上可能不同，这里所指移动平均法的算法如下。

（1）每发生一笔业务时，无论是购进还是发出，都重新计算一次结存存货的加权平均单价，作为下次发出存货的单价标准。即当购进一批存货时，本批进货的实际成本加上上次结存的存货的实际成本，除以本批进货数量加上上次结存的存货的数量，计算出存货的加权平均单价；当发出一批存货时，上次结存的存货实际成本减去本批发出存货的实际成本，除以上次结存的存货数量减去本批发出存货的数量，计算出存货的加权平均单价。

（2）发出存货的单价以上次结存存货的加权平均单价计算。公式设置如下：

结存存货加权平均单价 =（上次结存存货实际成本 + 本批购进存货实际成本−本批发出存货实际成本）/（上次结存存货数量 + 本批购进存货数量−本批发出存货数量）

本批发出存货实际成本 = 上次结存存货加权平均单价 × 本批发出存货数量。

其中，当发生购进存货业务时，公式中"本批发出存货实际成本"和"本批发出存货数量"数据为零；当发生发出存货业务时，公式中"本批购进存货实际成本"和"本批购进存货数量"数据为零。同时，"本批发出存货实际成本"不做尾数调整。

这一算法在数量关系上很清晰，即

$$收入金额 = 收入数量 \times 收入单价$$
$$发出金额 = 发出数量 \times 发出单价$$
$$结存单价 = 结存金额 \div 结存数量$$

方便利用计算机进行材料的管理。下面的格式设计即采用了这种算法。

2．"材料实际成本核算系统"格式设计

设甲材料按实际成本核算，采用移动平均法。将一张工作表命名为甲材料，并在该表上设计格式，如图10-1、图10-2所示。

	年		凭证		摘要	收入		
	月	日	字	号		数量	单价	金额
3					期初结存			
4								=F4*G4
5								=F5*G5
6								=F6*G6
7								=F7*G7
8								=F8*G8
9					合计	=SUM(F4:F8)		=SUM(H4:H8)

图 10-1　按移动平均法核算材料格式

发出			结存		
数量	单价	金额	数量	单价	金额
				=ROUND(N3/L3,2)	
	=M3	=I4*J4	=L3+F4-I4	=ROUND(N4/L4,2)	=N3+H4-K4
	=M4	=I5*J5	=L4+F5-I5	=ROUND(N5/L5,2)	=N4+H5-K5
	=M5	=I6*J6	=L5+F6-I6	=ROUND(N6/L6,2)	=N5+H6-K6
	=M6	=I7*J7	=L6+F7-I7	=ROUND(N7/L7,2)	=N6+H7-K7
	=M7	=I8*J8	=L7+F8-I8	=ROUND(N8/L8,2)	=N7+H8-K8
=SUM(I4:I8)		=SUM(K4:K8)	=L3+F9-I9	=ROUND(N9/L9,2)	=N3+H9-K9

图 10-2　续图 10-1

在图10-1、图10-2中，第4~8行公式设置的方法如下。

先设置第一笔发生业务的公式，步骤如下。

第一步，在H4单元格里设置公式"＝F4*G4"，计算购进存货实际成本。

第二步，在J4单元格里设置公式"＝M3"，调用上次结存存货的加权平均单价作为发出存货单价。

第三步，在K4单元格里设置公式"＝I4*J4"，计算发出存货的实际成本。

第四步，在L4单元格里设置公式"＝L3＋F4－I4"，计算本次结存存货数量。

第五步，在N4单元格里设置公式"＝N3＋H4－K4"，计算本次结存存货实际成本。

第六步，在M4单元格里设置公式"＝ROUND(N4/L4,2)"，计算本次结存存货的加权平均单价。

完成以上六步设置后，再利用Excel的自动填充功能，分别选中H4和j4:N4向下拉动至第8行，即可完成其后每一笔发生业务的所有公式设置。

3．"材料实际成本核算系统"应用示例

在应用以上"材料实际成本核算系统"时，如果发生购进业务，只需输入购进的数量和

单价；发生发出业务，只需输入发出数量，其他数据系统将自动生成，如图 10-3 所示。

××年		凭证		摘要	收入			发出			结存		
月	日	字	号		数量	单价	金额	数量	单价	金额	数量	单价	金额
9	1			期初结存							100	10	1000
	8			购进	200	10.5	2100		10	0	300	10.33	3100
	10			发出			0	200	10.33	2066	100	10.34	1034
	18			购进	400	11	4400		10.34	0	500	10.87	5434
	20			发出			0	200	10.87	2174	300	10.87	3260
	30			发出			0	200	10.87	2174	100	10.86	1086
	30			合计	600		6500	600		6414	100	10.86	1086

图 10-3　按移动平均法核算材料示例

在发生购进业务时不必给出发出材料的单价，但在图 10-3 中，发生购进业务的记录行，给出了发出材料的单价。这是因为在设置发出材料单价栏的公式时为了方便，不必考虑是购进还是发出，统一设置公式形成的。不过，在购进业务的记录行，由于发出的数量为零，所以发出金额为零，因而对购进业务的记录没有影响。

10.2　"材料计划成本核算系统"的设计及应用示例

材料按计划成本核算，与按实际成本核算不同的是要解决成本差异的分配问题。下面介绍的材料计划成本核算系统，以移动成本差异分配率分摊差异，改进了材料计划成本核算方法。

1．移动成本差异分配率

在用计划成本核算材料时，有按当月或上月月末成本差异分配率分摊差异两种方法，它们各有弊端。采用上月月末成本差异分配率，由于未反映当月新进材料的成本差异，因而不够准确；采用当月成本差异分配率，则在月末才能计算出成本差异，因而月中无法反映材料的实际成本。

这一问题可以考虑如下解决方案：每购进一批材料，即综合以前结存和本批收入材料成本差异计算一个移动成本差异分配率，公式为

$$\frac{\text{移动成本}}{\text{差异分配率}} = \frac{\text{以前结存材料成本差异} + \text{本批收入材料成本差异}}{\text{以前结存材料计划成本} + \text{本批收入材料计划成本}} \quad \cdots\cdots \quad (10\text{-}1)$$

发出材料按移动成本差异分配率分摊差异，公式为

$$\frac{\text{发出材料}}{\text{分摊差异}} = \frac{\text{发出材料}}{\text{计划成本}} \times \frac{\text{移动成本}}{\text{差异分配率}} \quad \cdots\cdots \quad (10\text{-}2)$$

移动成本差异分配率既反映了新进材料成本差异，又可在月中随时计算，据此分摊差异反映材料的实际成本。这一方法在手工环境下工作量大，但在计算机环境下可以方便地使用。

2. "材料计划成本核算系统"格式设计

设甲材料按计划成本核算,采用移动成本差异分配率分摊差异。将一张工作表命名为甲材料,并在该表上设计格式如图10-4~图10-6所示。

	A	B	C	D	E	F	G
1	材料名称:	甲材料	单位:	千克、元	计划单价:		元/千克
2							
3				收　入			
4	日期	摘要	数量	实际成本	计划成本	材料成本差异	材料成本差异分配率
5		本期合计	=SUM(C7:C100)	=SUM(D7:D100)	=SUM(E7:E100)	=SUM(F7:F100)	
6		期初余额					
7					=C7*$F$1	=IF(ISBLANK(D7),0,D7-E7)	=ROUND((V6+F7)/(U6+E7),4)

图10-4　按移动成本差异分配率分摊差异核算材料格式

	H	I	J	K	L	M	N	O	P	Q	R	S
1												
2						发　出						
3		生产车间				管理部门				小计		
4	数量	计划成本	分配差异	实际成本	数量	计划成本	分配差异	实际成本	数量	计划成本	分配差异	实际成本
5	=SUM(H7:H100)	=SUM(I7:I100)	=SUM(J7:J100)	=SUM(K7:K100)	=SUM(L7:L100)	=SUM(M7:M100)	=SUM(N7:N100)	=SUM(O7:O100)	=H5+L5	=I5+M5	=J5+N5	=K5+O5
6												
7		=H7*$F$1	=I7*G7	=I7+J7		=L7*$F$1	=M7*G7	=M7+N7	=H7+L7	=I7+M7	=J7+N7	=K7+O7
8												

图10-5　续图10-4

	T	U	V	W
1				
2				
3		结　存		
4	数量	计划成本	分配差异	实际成本
5	=T6+C5-P5	=T5*$F$1	=V6+F5-R5	=U5+V5
6		=T6*$F$1		=U6+V6
7	=T6+C7-P7	=T7*$F$1	=V6+F7-R7	=U7+V7
8				

图10-6　续图10-4

在月中发生材料收发业务时,"日期"、"摘要"、收入栏的"数量"和"实际成本"、发出栏下"生产车间"和"管理部门"的"数量"各项数据需根据实际情况确定,其他数据均通过公式自动产生。

U6期初余额"计划成本"数据通过T6期初余额"数量"与F1计划单价求积计算,W6期初余额"实际成本"数据通过U6期初余额"计划成本"与V6分配差异求和计算,其他"计划成本"和"实际成本"数据,除合计数与收入材料实际成本外均仿此确定。

C5 收入数量的本期合计是对该列第 7 行（本月发生第 1 笔记录）至第 100 行数据求和。可根据需要加大，并相应修改其他合计求和的末行数。

"材料成本差异分配率"栏公式按公式（10-1）（移动成本差异分配率）设计，为了保证在引用材料成本差异分配率时按规定的小数位计算，使用了 ROUND 函数；发出栏下"生产车间"和"管理部门"的"分配差异"公式按公式（10-2）设计。

结存栏"数量"公式按"当前结存材料数量 = 以前结存材料数量 + 本批收入材料数量 − 本批发出材料数量"原理设计；结存栏"分配差异"公式按"当前结存材料分配差异=以前结存材料分配差异 + 本批收入材料成本差异 − 本批发出材料分摊差异"原理设计。

注意每一笔材料入库时材料成本差异的计算公式，如 F7 中公式"= IF(ISBLANK(D7), 0,D7-E7)"并没有直接用 D7 实际成本减去 E7 计划成本求 F7 材料成本差异，而是使用了条件函数 IF，先判断 D7 实际成本栏是否为空。如果为空，那么 F7 材料成本差异为 0；如果不为空，才如此计算。这一设计，是考虑到期末可能有结算凭证未到暂估入账的材料。暂估入账材料，由于实际成本不清楚，故无法确定其成本差异，如果按一般情况，将材料成本差异公式统一设置成用实际成本减去计划成本就会出错（假定对暂估入账材料，实际成本栏不输入任何数据）。

3. 公式填充宏

在系统格式设计中，只在第一行（"甲材料"工作表的第 7 行）设计了反映材料收入发出记录的公式，当增加记录时，执行"材料计划成本核算系统公式填充"宏自动填充公式。宏的代码为

```
Sub 材料计划成本核算系统公式填充()
    x = 7
    Do While Not (IsEmpty(Sheets("甲材料").Cells(x, 1).Value))
      x = x + 1
    Loop
    If IsEmpty(Sheets("甲材料").Cells(8, 1).Value) Then
        Exit Sub
    Else
        Range("E7:G7").Select
        Selection.AutoFill Destination:=Range(Cells(7, 5), Cells(x - 1, 7)),
Type:=xlFillDefault
        Range("I7:K7").Select
        Selection.AutoFill Destination:=Range(Cells(7, 9), Cells(x - 1, 11)),
Type:=xlFillDefault
        Range("M7:W7").Select
        Selection.AutoFill Destination:=Range(Cells(7, 13), Cells(x - 1, 23)),
Type:=xlFillDefault
    End If
End Sub
```

该宏类似于 8.1 节"计算工资"宏，在进行公式自动填充前，通过代码

```
If IsEmpty(Sheets("甲材料").Cells(8, 1).Value)  Then
    Exit Sub
Else
```

```
      ...
   End If
```

先对"甲材料"工作表的特定单元格 Cells(8,1)作是否为空的判断，以避免自动填充公式时出错。

4."材料计划成本核算系统"应用示例

完成系统设计后，录入 T6、V6 期初余额"数量"、"分配差异"数据（在以下示例中分别设为 588 和-345），在月中任何时候，每发生一笔材料收入业务时，只要输入"日期"、"摘要"、收入栏的"数量"和"实际成本"，即可自动计算出综合以前结存和本笔收入材料成本差异的移动成本差异分配率；每发出一批材料时，只要输入"日期"、"摘要"、发出栏下"生产车间"和"管理部门"的"数量"，即可自动按最新计算出的移动成本差异分配率分摊差异，并随时提供材料的实际成本信息。如图 10-7～图 10-9 所示，当发生收发业务时，输入前述"日期"等数据后，其他数据立即自动生成。

	A	B	C	D	E	F	G
1	材料名称:	甲材料	单位:	千克、元	计划单价:	25.00	元/千克
2							
3				收	入		
4	日期	摘要	数量	实际成本	计划成本	材料成本差异	材料成本差异分配率
5		本期合计	912	15345.00	22800.00	45.00	
6		期初余额					
7	2001.2.5	收入	480	12075.00	12000.00	75.00	-0.0101
8	2001.2.6	发出					-0.0101
9	2001.2.9	收入	132	3270.00	3300.00	-30.00	-0.0097
10	2001.2.9	发出					-0.0097
11	2001.2.28	估价入帐	300		7500.00		-0.0043
12							

图 10-7 按移动成本差异分配率分摊差异核算材料示例

	H	I	J	K	L	M	N	O	P	Q	R	S
1												
2					发	出						
3		生产车间				管理部门				小计		
4	数量	计划成本	分配差异	实际成本	数量	计划成本	分配差异	实际成本	数量	计划成本	分配差异	实际成本
5	900	22500.00	-227.25	22272.75	60	1500.00	-14.55	1485.45	960	24000.00	-241.80	23758.20
6												
7												
8	900	22500.00	-227.25	22272.75					900	22500.00	-227.25	22272.75
9												
10					60	1500.00	-14.55	1485.45	60	1500.00	-14.55	1485.45
11												
12												

图 10-8 续图 10-7

	T	U	V	W
1				
2				
3		结	存	
4	数量	计划成本	分配差异	实际成本
5	540	13500.00	-58.20	13441.80
6	588	14700.00	-345.00	14355.00
7	1068	26700.00	-270.00	26430.00
8	168	4200.00	-42.75	4157.25
9	300	7500.00	-72.75	7427.25
10	240	6000.00	-58.20	5941.80
11	540	13500.00	-58.20	13441.80
12				

图 10-9 续图 10-7

本章小结

在日常生活中，如果一个人收入不高，开支会节俭一些；收入提高了，那么消费观念就可能发生变化，因为要考虑如何提高生活质量的问题了。从手工环境到计算机环境，处理数据的能力发生了根本的变化——我们已经从"穷人"变成了"富人"，这使我们能够在计算机环境下以新的观念来管理会计信息。本章介绍的材料计划成本核算改进方法，以及第7章成本还原问题的解决，都体现了一种观念的转变。在计算机技术的支撑下，我们应当也完全可以做到使会计信息的管理更加科学化。

思考与练习题

1. 采用 10.1 节移动平均法算法，对"材料实际成本核算系统"的格式设计有什么方便之处？

2. 设置移动成本差异分配率有何意义，为什么在手工环境下不可以这样做？

第11章 银企对账

本章要点:

如何实现记录有空格的两列数据比对。

企业与银行对账是一项经常性的工作,当数据量较大时比较麻烦。利用本章介绍的银企对账系统,可以很方便地完成银企对账。

11.1 "银企对账系统"的设计

新建立一个"银企对账系统"文件,选定一张工作表,设计企业银行存款日记账记录、银行对账单记录和银行存款余额调节表格式,如图11-1、图11-2所示。

	A	B	C	D
1	企业银行存款日记账记录		银行对账单记录	
2	收入	付出	存入	支出
3				
4				
5				

图11-1 银企对账系统数据表格

	F	G	H	I
1	银行存款余额调节表			
2	项目	金额	项目	金额
3	企业银行存款日记账期末余额		银行对账单期末余额	
4	加:银行已收款入账,企业未入账的金额	=SUM(C3:C10000)	加:企业已收款入账,银行未入账的金额	=SUM(A3:A10000)
5	减:银行已付款入账,企业未入账的金额	=SUM(D3:D10000)	减:企业已付款入账,银行未入账的金额	=SUM(B3:B10000)
6	调节后的银行存款日记账余额	=G3+G4-G5	调节后的银行对账单余额	=I3+I4-I5

图11-2 续图11-1

图11-2单元格G4中的SUM函数对C列的C3:C10 000数据求和,I4中的SUM函数对A列的A3:A10 000数据求和。当将A列与C列数据一一比对,并删去一项业务银企双方均已登记入账数据后,G4反映"银行已收款入账,企业未入账的金额",而I4反映"企业已收款入账,银行未入账的金额"。类似地,G5和I5也设置了SUM函数。当将B列与D列数据一一比对,并删去一项业务银企双方均已登记入账数据后,G5反映"银行已付款入账,企业未入账的金额",而I5反映"企业已付款入账,银行未入账的金额"。

图11-2单元格G6、I6中的公式"=G3+G4-G5"和"=I3+I4-I5"按余额调节法的补记式调节数据,分别反映"调节后的银行存款日记账余额"和"调节后的银行对账单余额"。

系统设计有一项关键任务,即将A列与C列数据一一比对,并删去一项业务银企双方均已登记入账数据,以得出未达账项。这项任务用Excel函数和公式均不便完成,此时,可用VBA实现。

在模块表上用VBA语言编写如下的宏:

```
Sub 银企对账()
```

```
        x = 3
        For z = 1 To 10000
            Found = False
            For y = 3 To 10000
                If Cells(x, 1) = Cells(y, 3) Then
                    Found = True
                    Exit For
                End If
            Next y
            If Found = True Then
                Cells(x, 1).Clear
                Cells(y, 3).Clear
            End If
            x = x + 1
        Next z
        x = 3
        For z = 1 To 10000
            Found = False
            For y = 3 To 10000
                If Cells(x, 2) = Cells(y, 4) Then
                    Found = True
                    Exit For
                End If
            Next y
            If Found = True Then
                Cells(x, 2).Clear
                Cells(y, 4).Clear
            End If
            x = x + 1
        Next z
```

'1 列和 3 列记录可能不等,2 列和 4 列记录也可能不等,1、2、3 和 4 列记录均可能不等,循环次数终值设为 10 000 是尽可能大,以包含各列记录.

```
End Sub
```

在银企对账宏中，代码

```
x = 3
    For z = 1 To 10000
        Found = False
        For y = 3 To 10000
            If Cells(x, 1) = Cells(y, 3) Then
                Found = True
                Exit For
            End If
        Next y
        If Found = True Then
            Cells(x, 1).Clear
            Cells(y, 3).Clear
        End If
        x = x + 1
    Next z
```

的意义如下。

第一步，将第 1 列（A 列）的第 1 个数据，即单元格 Cells(3, 1)数据，与第 3 列（C 列）

第 1 个数据，即单元格 Cells(3,3)数据，进行比对。如果相同，即 Cells(3,1)= Cells(3,3)，则停止比对，并同时删去单元格 Cells(3,1)和 Cells(3,3)数据。

第二步，如果第一步比对不成功，也就是单元格 Cells(3,1)与 Cells(3,3)的数据不同，即接着将第 1 列的第 1 个数据顺次与第 3 列第 2 个数据，即单元格 Cells(4,3)数据，进行比对。如果相同，则停止比对，并同时删去单元格 Cells(3,1)和 Cells(4,3)数据。

......

如此进行，直到将第 1 列的第 1 个数据与第 3 列的最后 1 个数据，即单元格 Cells(10000, 3)数据，比对完毕。Cells(10000,3)中的 10 000 是设计得尽可能大，可据需要调整。

以上各步通过一个循环完成。

然后，将第 1 列的第 2 个数据与第 3 列第 1、2、… 个数据顺次比对，直至第 3 列最后 1个数据。在比对过程中，如果相同，则停止比对，并同时删去相同单元格的数据。再将第 1列的第 3 个数据与第 3 列数据顺次比对，如此进行，直至第 1 列最后一个数据。这一过程通过一个循环嵌套完成。

银行存款自动对账宏的后一段代码与前一段作用类似，只是前一段是比对第 1 列与第 3列，后一段是比对第 2 列与第 4 列。

注意在银行存款自动对账宏中循环语句的循环终值是一个固定值，如果与第 8 章工资管理宏比较一下会发现，在工资管理宏中循环语句的循环终值是一个变动值。如果循环终值为变动值，那么记录之间不能有空格，否则循环会在第一个空格处终止。如果记录之间有空格，循环终值就应设定为固定值。固定值的大小以包括所有记录为准，但是，应注意不要设得过大，这样会导致程序运行时间增长。

11.2 "银企对账系统"应用示例

假定某企业 20××年 10 月的银行存款日记账和银行送来的对账单如表 11-1、表 11-2 所示。

表 11-1 企业银行存款日记账

20××年		凭证号数	摘　　要	收　　入	付　　出	结　　存
月	日					
10	1		期初余额			54797.00
10	4	银付 01	支付购甲材料货款		5200.00	49597.00
10	7	银付 02	付前欠金星厂货款		3400.00	46197.00
10	10	银付 03	付职工交通费		600.00	45597.00
10	13	银收 01	收押金收入	30.00		45627.00
10	15	银收 02	将多余现金存入银行	20.00		45647.00
10	18	银收 03	收南华厂前欠货款	12000.00		57647.00
10	20	银收 04	销售产品一批	800.00		58447.00
10	24	银收 05	收押金收入	400.00		58847.00
10	26	银收 06	销售产品一批	2834.40		61681.40
10	28	银付 04	支付购乙材料货款		560.00	61121.40
10	31		本月合计	16084.40	9760.00	61121.40

表 11-2　银行对账单

20××年		结算凭证种类、号数	存　入	支　出	结　存
月	日				
10	1	期初余额			54797.00
10	4			5200.00	49597.00
10	6		16250.00		65847.00
10	7			3400.00	62447.00
10	13		30.00		62477.00
10	15		20.00		62497.00
10	17			3094.00	59403.00
10	24		400.00		59803.00
10	26		2834.40		62637.40
10	31		12300.00		74937.40

操作步骤如下。

（1）假定表 11-1 和表 11-2 为 Excel 表格，将表 11-1 的收入和付出栏、表 11-2 的存入和支出栏数据复制到系统企业银行存款日记账记录、银行对账单记录中，如图 11-3 所示。

（2）将表 11-1、表 11-2 的期末余额复制到系统银行存款余额调节表的“企业银行存款日记账期末余额”和“银行对账单期末余额”栏，即 G3 和 I3，如图 11-4 所示。

	A	B	C	D
1	企业银行存款日记账记录		银行对账单记录	
2	收入	付出	存入	支出
3		5200.00		5200.00
4		3400.00	16250.00	
5		600.00		3400.00
6	30.00		30.00	
7	20.00		20.00	
8	12000.00			3094.00
9	800.00		400.00	
10	400.00		2834.40	
11	2834.40		12300.00	
12		560.00		
13				

图 11-3　复制企业、银行记录数据

	F	G	H	I
1	银行存款余额调节表			
2	项目	金额	项目	金额
3	企业银行存款日记账期末余额	61121.40	银行对账单期末余额	74937.40
4	加：银行已收款入账，企业未入账的金额		加：企业已收款入账，银行未入账的金额	
5	减：银行已付款入账，企业未入账的金额		减：企业已付款入账，银行未入账的金额	
6	调节后的银行存款日记账余额		调节后的银行对账单余额	
7				

图 11-4　复制期末余额

（3）执行银企对账宏，删去银行存款日记账记录、银行对账单记录中一项业务双方均已登记入账的数据，保留数据即未达账项，并自动生成银行存款余额调节表，如图 11-5、图 11-6 所示。

	A	B	C	D
1	企业银行存款日记账记录		银行对账单记录	
2	收入	付出	存入	支出
3				
4			16250.00	
5		600.00		
6				
7				
8	12000.00			3094.00
9	800.00			
10				
11			12300.00	
12		560.00		
13				

图 11-5　删去银企双方均已登记入账数据

	F	G	H	I
1	银行存款余额调节表			
2	项目	金额	项目	金额
3	企业银行存款日记账期末余额	61121.40	银行对账单期末余额	74937.40
4	加：银行已收款入账，企业未入账的金额	28550.00	加：企业已收款入账，银行未入账的金额	12800.00
5	减：银行已付款入账，企业未入账的金额	3094.00	减：企业已付款入账，银行未入账的金额	1160.00
6	调节后的银行存款日记账余额	86577.40	调节后的银行对账单余额	86577.40
7				

图 11-6　自动生成的银行存款余额调节表

本章小结

从本章介绍的银企对账系统设计中，可以看到利用 VBA 进行大量数据处理的效率。

如系统设计中将第 1 列数据与第 3 列比对时，第 1 列第 1 个数据有可能比对约 10 000 次（第 1 层循环次数终值设定为 10 000，如果一直没有比对上，就会循环比对直至终值）；第 1 列第 2 个数据也可能要比对约 10 000 次……而系统假定第 1 列有约 10 000 个数据（第 2 层嵌套循环次数终值设定为 10 000），也就是说，仅第 1 列与第 3 列数据比对就可能要进行约 10 000 × 10 000=100 000 000 次。同样地，第 2 列与第 4 列数据比对也可能要进行约 100 000 000 次。但即使这样大的数据量处理，也可在瞬间完成，读者不妨一试。

思考与练习题

1. 在银企对账宏中是如何实现 A 列与 C 列数据比对的？
2. 为什么在记录之间存在空格时，For…Next 循环语句的循环终值不能设为变量值？
3. 将下表中的 A 列与 B 列进行比对，删去相同的数据，只留下不相同的：

	A	B
1	1	3
2	2	4
3	3	7
4	4	2
5	5	
6		

得到表

	A	B
1	1	
2		
3		7
4		
5	5	
6		

请设计一个宏自动完成。

4. 如果将第 3 题改为下表情况（比对前数据表 A 列或 B 列内有重复数据），又如何实现呢？

	A	B
1	1	3
2	2	4
3	2	7
4	3	4
5	4	2
6	5	

	A	B
1	1	
2		
3	2	7
4		4
5		
6	5	

第12章 企业存款变动监控

本章要点：

利用 VLOOKUP 函数对应账号获取数据时存在的问题。

财务指标的监控，因目标不同而具有特殊性，商业财务软件往往难以适应灵活的财务指标监控要求。在 Excel 上可以很方便地设计各种个性化监控系统，实现财务指标的自动监控。本章介绍了一个企业存款变动监控系统的设计方法。

12.1 问 题 描 述

某银行要掌握各大公司存款变动情况。具体要求为：每天有一个下面的表

账号	账户名称	余额
123456	A 公司	5000.00
123457	B 公司	1200.00
……	……	……

需要比对前一天跟当天的数据，求出差额。

由于公司较多，而每天给出的表公司顺序不固定，并且可能有新的公司开户或有公司销户，人工操作十分麻烦，希望控制 Excel 按账号自动比较两天的数据。

这可以通过设计一个企业存款变动监控系统来解决。

12.2 "企业存款变动监控系统"的设计

新设一个 Excel 文件，并命名为企业存款变动监控系统。

在该文件中分别选定 Excel 工作表，建立"公司账号"、"前一天余额"、"当天余额"和"比对表"工作表，并设置数据格式如图 12-1、图 12-2、图 12-3 和图 12-4 所示。

图 12-4 中 E2 设有公式 "=D2−C2"，以计算 "当天余额" 与 "前一天余额" 的差额。

图 12-1　"公司账号" 工作表数据格式

图 12-2　"前一天余额" 工作表数据格式

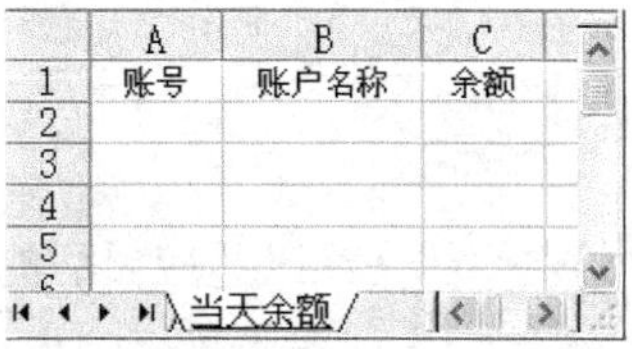

图 12-3　"当天余额" 工作表数据格式

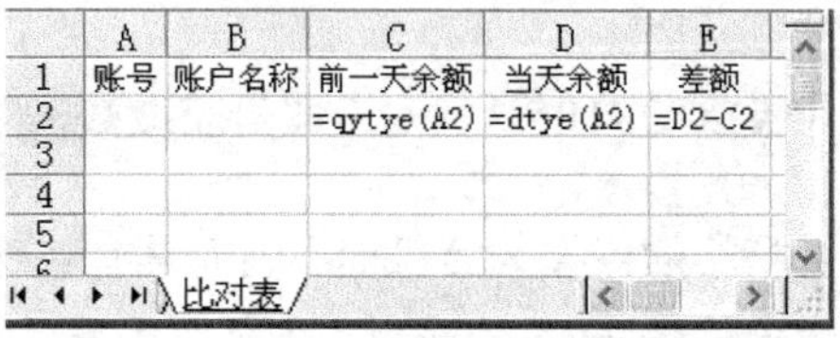

图 12-4　"比对表" 工作表数据格式

系统设计的关键是，在 "比对表" 工作表中如何对应账号得到该账号前一天余额和当天余额。这可以通过设计两个自定义函数 qytye 和 dtye 来实现。

在模块表上编写如下的代码：

```
Function qytye(账号)
    x = 1
    Do While Not (IsEmpty(Sheets("前一天余额").Cells(x, 1).Value))
        x = x + 1
    Loop
    Found = False
    For t = 2 To x - 1
        If 账号 = Sheets("前一天余额").Cells(t, 1) Then
            Found = True
            Exit For
        End If
    Next t
    If Found = True Then
        qytye = Sheets("前一天余额").Cells(t, 3)
    Else
        qytye = 0
    End If
End Function
```

以及

```
Function dtye(账号)
    x = 1
    Do While Not (IsEmpty(Sheets("当天余额").Cells(x, 1).Value))
        x = x + 1
    Loop
    Found = False
```

```
    For t = 2 To x - 1
        If 账号 = Sheets("当天余额").Cells(t, 1) Then
            Found = True
            Exit For
        End If
    Next t
    If Found = True Then
        dtye = Sheets("当天余额").Cells(t, 3)
    Else
        dtye = 0
    End If
End Function
```

并在 C2、D2 中分别输入自定义函数 qytye 和 dtye，如图 12-4 所示。

这里，qytye、dtye 的设计与 5.1 节自定义函数 km 的设计类似。qytye、dtye 可以根据函数变量值（函数变量的取值由单元格，例如图 12-4 中 A2，提供）查找对应的数据。这样解决了“如何对应账号得到该账号前一天余额和当天余额”这一问题。

12.3 “企业存款变动监控系统”应用示例

假定比对当天公司账号如图 12-5 所示，比对前一天余额和当天余额如图 12-6、图 12-7 所示。

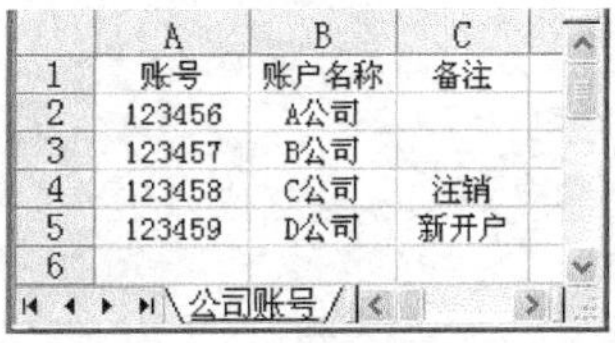

	A	B	C
1	账号	账户名称	备注
2	123456	A公司	
3	123457	B公司	
4	123458	C公司	注销
5	123459	D公司	新开户
6			

图 12-5　比对当天公司账号

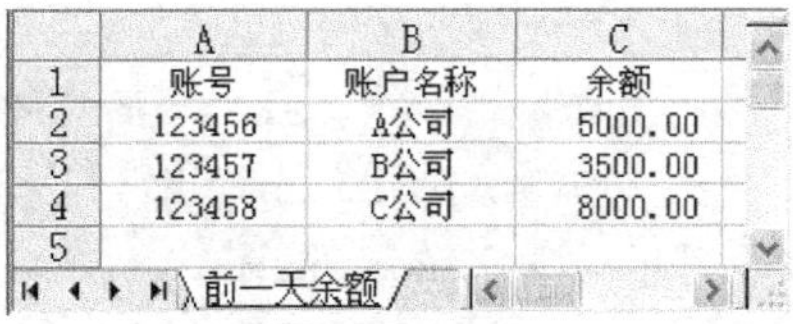

	A	B	C
1	账号	账户名称	余额
2	123456	A公司	5000.00
3	123457	B公司	3500.00
4	123458	C公司	8000.00
5			

图 12-6　比对前一天余额

注意，在图 12-5 中假定比对当天 C 公司已被注销，故在图 12-7 的当天余额记录中无 C 公司余额记录；在图 12-5 中假定 D 公司系比对当天新开户，故在图 12-6 的前一天余额记录中无 D 公司余额记录。

操作步骤如下。

（1）将“公司账号”工作表中的“账户名称”和“账号”复制到“比对表”工作表相应栏。复制完毕后，由于“比对表”工作表 C2：E2 设置有自定义函数和求差额公式，故自动显示对应账号的“前一天余额”、“当天余额”和“差额”数据，如图 12-8 所示。

（2）选定“比对表”工作表 C2：E2，向下自动填充自定义函数及公式至记录最后一行，如图 12-9 所示。

自定义函数及公式填充完毕，即显现比对结果，如图 12-10 所示。

图 12-7　比对当天余额

图 12-8　复制最新公司账号列表

图 12-9　自动填充自定义函数及公式

图 12-10　企业存款变动监控系统示例比对结果

12.4　自定义函数 dtye、qytye 与 VLOOKUP 函数的比较

利用 Excel 的 VLOOKUP 函数也能对应账号得到该账号前一天余额和当天余额。例如，假定在"比对表"工作表的 C2 和 D2 中设置有 VLOOKUP 函数，如图 12-11 所示，则可以得到与图 12-8 相同的结果。

图 12-11　C2、D2 中 VLOOKUP 函数设置

图 12-11 中 C2 单元格的 VLOOKUP（A2，前一天余额!A1:C1000,3，0）函数有 4 个参数。第一个参数：A2，明确查找的账号，由 A2 单元格给出；第二个参数：前一天余额!A1:C1000，明确查找区域为"前一天余额"工作表的 A1:C1000（其中 1000 可据需要修改）；第三个参数：3，从"前一天余额"工作表知道，是查找 A2 单元格给出的账号余额；第四个参数：0，意义为精确匹配。D2 与 C2 单元格的 VLOOKUP 函数在参数设置上的区别是，一个是在当天余额工作表中查找，而另一个是在前一天余额工作表中查找。应当注意，VLOOKUP 函数的第一个参数值是在数据区域的第一列给出。

但是，这一方法可能出错。例如，当在图 12-12 中设置对应各账号的 VLOOKUP 函数时，则显示如图 12-13 所示的错误信息。

图 12-13 中 D4 显示出错信息"#N/A"的原因是，在比对当天 C 公司已注销，没有 C 公司余额记录。而 C5 出错的原因是，在比对当天 D 公司才开户，因而没有前一天余额记录。

注意在自定义函数 qytye 和 dtye 的设计中，假定没有余额记录（不论注销或新开户）则值为零，对这两种特殊情况作了处理，弥补了 VLOOKUP 函数的缺陷。另外，VLOOKUP 函数的第一个参数值是在数据区域的第一列给出，而设置自定义函数查找数据可以不受此限制。例如，假定企业存款变动监控系统中数据表格的账号是在数据区域的第二列，这时只需要将自定义函数 qytye 和 dtye 代码中的条件作一修改就行了。如将

	A	B	C	D	E
1	账号	账户名称	前一天余额	当天余额	差额
2	123456	A公司	=VLOOKUP(A2,前一天余额!A1:C1000,3,0)	=VLOOKUP(A2,当天余额!A1:C1000,3,0)	=D2-C2
3	123457	B公司	=VLOOKUP(A3,前一天余额!A1:C1000,3,0)	=VLOOKUP(A3,当天余额!A1:C1000,3,0)	=D3-C3
4	123458	C公司	=VLOOKUP(A4,前一天余额!A1:C1000,3,0)	=VLOOKUP(A4,当天余额!A1:C1000,3,0)	=D4-C4
5	123459	D公司	=VLOOKUP(A5,前一天余额!A1:C1000,3,0)	=VLOOKUP(A5,当天余额!A1:C1000,3,0)	=D5-C5

图 12-12 对应各账号设置 VLOOKUP 函数

	A	B	C	D	E
1	账号	账户名称	前一天余额	当天余额	差额
2	123456	A公司	5000.00	42000.00	37000.00
3	123457	B公司	3500.00	3000.00	-500.00
4	123458	C公司	8000.00	#N/A	#N/A
5	123459	D公司	#N/A	2500.00	#N/A
6					

图 12-13 VLOOKUP 函数出错

```
账号 = Sheets("前一天余额").Cells(t, 1)
```
改为
```
账号 = Sheets("前一天余额").Cells(t, 2)
```
这里，我们看到了 VBA 在解决问题时体现出的灵活性。

本章小结

财务指标监控在技术上要解决如何获取相关数据的问题。一般来讲，利用 VLOOKUP 函数可以方便地调取数据，但实际工作中的情况往往是复杂的，如本章介绍的企业存款变动监控问题，当遇到有公司注销或新开户时就会出错。在企业存款变动监控系统设计中，我们通过设置自定义函数解决了这一问题。VBA 在这里体现了灵活性。

1. 系统在调取数据时为什么不直接利用 VLOOKUP 函数而要设置自定义函数？

2. 在图 12-8 中，选定"比对表"工作表 C2：E2，向下自动填充自定义函数及公式至记录最后一行，观察操作结果。

第13章 分类汇总

本章要点:

- Excel 分类汇总功能;
- DSUM 函数;
- 如何对应编号自动输入 DSUM 函数。

在存货、销售等管理中,分类汇总是一项重要的工作。本章介绍的一种通过编码和使用 VBA 扩展 DSUM 函数功能的方法可以弥补 Excel 分类汇总功能的不足。

13.1 Excel 分类汇总功能

Excel 提供的分类汇总功能在管理数据时十分有用。假定我们在一张命名为"销售记录"的工作表上反映某商场商品的销售情况,如图 13-1 所示。

对图 13-1 的数据清单可按如下步骤对金额分类汇总。

(1) 分别按商品类别和商品品种排序。先按商品类别排序。选定销售记录数据区域的任一单元格,如 C2 后,单击"数据"→"排序"命令,弹出"排序"对话框。在对话框的"主要关键字"栏中选择"商品类别",然后单击"确定"按钮,如图 13-2、图 13-3 和图 13-4 所示。

图 13-1 某商场商品销售记录

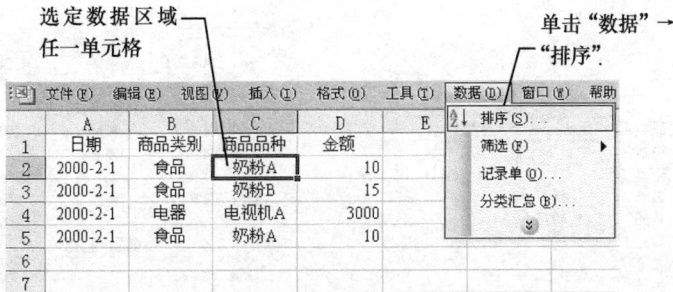

图 13-2 选择数据区域排序

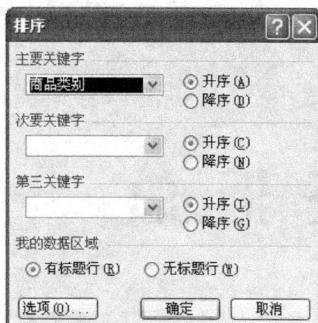

图 13-3 设置主要关键字

图 13-4 按商品类别排序结果

再按商品品种排序。方法同按商品类别排序，只不过在"排序"对话框的"主要关键字"栏中选择"商品品种"。排序结果如图 13-5 所示。

（2）按商品类别汇总。完成排序工作后，选定新的销售记录数据区域的任一单元格，如 C2 后，单击"数据"→"分类汇总"命令，弹出"分类汇总"对话框。在对话框的"分类字段"栏中选择"商品类别"，"汇总方式"栏选择"求和"，"选定汇总项"栏选择"金额"，然后单击"确定"按钮，如图 13-6、图 13-7 和图 13-8 所示。

图 13-5 先按商品类别再按商品品种排序结果

图 13-6 选择数据区域分类汇总

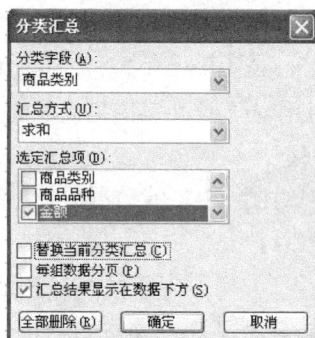

图 13-7 确定分类汇总选项

（3）按商品品种汇总。方法同按商品类别汇总，只不过在"分类汇总"对话框的"分类字段"栏中选择"商品品种"。汇总结果如图 13-9 所示。

图 13-8 按商品类别汇总结果

图 13-9 先按商品类别再按商品品种汇总结果

从以上示例可以看出，Excel 可以比较方便地对数据清单分类汇总。但这一功能存在如下不足：首先，为了分类汇总，在数据清单中应列示各类字段，但这并不一定是必需的，如示例中，"商品类别"是为了分别对食品和电器汇总而设，作为销售业务记录一般只需列出"商品品种"即可；其次，操作必须分步进行，不能完全自动完成；再次，汇总结果标识（如"食品汇总"、"奶粉 A 汇总"）之间存在空格，在基于 Excel 设计的应用系统中不便于用代码自动检索。

下面通过编码（在示例中对商品品种和类别编号）和用 VBA 扩展 DSUM 函数功能来解决以上问题。

13.2　按品种和类别对商品编号

首先，按品种和类别对所有商品编号。如用

A101　　代表食品

A10101 代表食品中的奶粉 A

A10102 代表食品中的奶粉 B

注意编号要分级进行。如食品编号为 A101，奶粉 A 属于食品，则奶粉 A 的编号在 A101下增加号码 01，即 A10101。另外，编号前要用字母开头，否则不能进行分级汇总。

然后，选择一张工作表命名为"编号目录"，建立商品编号目录，如图 13-10 所示。

给商品编号后，图 13-1 各条销售记录中的商品品种即以其编号代替，"商品类别"和"商品品种"两栏仅保留"商品品种"一栏（最低级编号），如图 13-11 所示。

	A	B	C
1	商品品种或类别编号	商品品种或类别	
2	A101	食品	
3	A10101	奶粉A	
4	A10102	奶粉B	
5	A102	电器	
6	A10201	电视机A	
7			

图 13-10　对商品编号

	A	B	C	D
1	日期	商品品种	金额	
2	2000-2-1	A10101	10	
3	2000-2-1	A10102	15	
4	2000-2-1	A10201	3000	
5	2000-2-1	A10101	10	
6				

图 13-11　以商品编号反映的商品销售记录

13.3　确定某类商品的分级合计

以计算图 13-11 中食品销售合计为例。选择一张工作表命名为"检索标准"，根据食品的商品品种和类别编号，如 A101、A10101 建立检索标准，如图 13-12 所示。

要在某单元格（如 C7）反映全部食品销售合计数，只需在该单元格中输入公式"=DSUM（销售记录!B1:C5,"金额",检索标准!A1:A2）"，按回车键，即可见所求结果 35，如图 13-13、图 13-14 所示。

	A	B	C
1	商品品种		
2	A101		
3	商品品种		
4	A10101		
5			
6			

图 13-12　根据商品编号建立检索标准

	A	B	C	D	E	F
1	日期	商品品种	金额			
2	2000-2-1	A10101	10			
3	2000-2-1	A10102	15			
4	2000-2-1	A10201	3000			
5	2000-2-1	A10101	10			
7	"食品"销售合计:	=DSUM(销售记录!B1:C5,"金额",检索标准!A1:A2)				
8						
9						

图 13-13　按"食品"汇总公式设置

	A	B	C	D
1	日期	商品品种	金额	
2	2000-2-1	A10101	10	
3	2000-2-1	A10102	15	
4	2000-2-1	A10201	3000	
5	2000-2-1	A10101	10	
6				
7		"食品"销售合计:	35	
8				

图 13-14　按"食品"汇总结果

如果要反映食品中奶粉 A 销售合计数，那么将 C7 中的公式换为"=DSUM（销售记录!B1:C5,"金额",检索标准!A3：A4）"，回车后，就得到奶粉 A 销售合计数 20 了，如图 13-15、图 13-16 所示。

	A	B	C	D	E	F
1	日期	商品品种	金额			
2	2000-2-1	A10101	10			
3	2000-2-1	A10102	15			
4	2000-2-1	A10201	3000			
5	2000-2-1	A10101	10			
6						
7	"奶粉A"销售合计:	=DSUM(销售记录!B1:C5,"金额",检索标准!A3:A4)				

图 13-15　按"奶粉 A"汇总公式设置

	A	B	C
1	日期	商品品种	金额
2	2000-2-1	A10101	10
3	2000-2-1	A10102	15
4	2000-2-1	A10201	3000
5	2000-2-1	A10101	10
6			
7		"奶粉A"销售合计:	20

图 13-16　按"奶粉 A"汇总结果

事实上，可以仿照上例方便地得到某类商品任一级的合计，示例中，食品为第一级，奶粉 A、奶粉 B 为第二级（最低级）。

13.4　确定所有商品的分级分类合计

如果希望能完全自动地生成所有商品销售金额的分级分类合计，需要编写一个宏。

选定 3 张工作表，分别命名为"商品品种或分类合计"、"检索标准"和"数据过渡"。并在模块表上输入下面的宏：

```
Sub 计算商品品种或分类合计()
    Application.ScreenUpdating = False
    Sheets("商品品种或分类合计").Select
    Cells.Select
    Selection.Clear
    Sheets("编号目录").Select
    x = 1
    Do While Not (IsEmpty(Cells(x, 1)))
```

```
        x = x + 1
    Loop
    Range(Cells(1, 1), Cells(x - 1, 2)).Select
    Selection.Copy
    Sheets("商品品种或分类合计").Select
    Range("A1").Select
    ActiveSheet.Paste
    Range("C1").Select
    ActiveCell.FormulaR1C1 = "销售合计"
    Sheets("销售记录").Select
    x = 1
    Do While Not (IsEmpty(Cells(x, 1)))
        x = x + 1
    Loop
    ActiveWorkbook.Names.Add Name:="Jlk", RefersToR1C1:=Range(Cells(1, 2),
Cells(x - 1, 3))
    x = 1
    Do While Not (IsEmpty(Sheets("编号目录").Cells(x, 1)))
        x = x + 1
    Loop
    Sheets("检索标准").Select
    Columns("A:A").Select
    Selection.ClearContents
    For y = 2 To x - 1
        z = 1
        Do While Not (IsEmpty(Cells(z, 1)))
            z = z + 1
        Loop
        Cells(z, 1).Select
        ActiveCell.FormulaR1C1 = "商品品种"
        Cells(z + 1, 1).Select
        ActiveCell.FormulaR1C1 = Sheets("编号目录").Cells(y, 1)
    Next y
    '以上10行程序,在"检索标准"工作表的第1列,从第1行起,奇数行单元格输入"商品品种",偶数行
    '单元格按"编号目录"工作表第1列所列"商品品种或类别编号"顺序输入相应的编号,以自动建立包括最
    '新所设商品品种或类别编号的检索标准
    Sheets("商品品种或分类合计").Select
    x = 1
    Do While Not (IsEmpty(Cells(x, 1)))
        x = x + 1
    Loop
    Cells(2, 3) = "=DSUM(Jlk,""金额"",检索标准!A1:A2)"
    Cells(3, 3) = "=DSUM(Jlk,""金额"",检索标准!A3:A4)"
    Range("C2:C3").Select
    '选定C2:C3区域
    Selection.AutoFill Destination:=Range(Cells(2, 3), Cells(2 * x - 4, 3)),
Type:=xlFillDefault
    '向下自动填充数据库求和公式至2 * x - 4行
    x = 1
    Do While Not (IsEmpty(Sheets("商品品种或分类合计").Cells(x, 3)))
        x = x + 1
```

```
Loop
Sheets("数据过渡").Select
Cells(1, 1) = "=DSUM(Jlk,""金额"",检索标准!A1:A2)"
For m = 2 To x
    Cells(m, 1) = Sheets("商品品种或分类合计").Cells(2 * m, 3).Formula
Next m
'以上3行程序将"商品品种或分类合计"工作表第3列的2*m( m从2到x)行单元格公式转入"数
'据过渡"工作表坐标为(m, 1)的单元格
Sheets("商品品种或分类合计").Select
y = 1
Do While Not (IsEmpty(Cells(y, 1)))
    y = y + 1
Loop
Range(Cells(2, 3), Cells(2 * y - 1, 3)).Select
Selection.ClearContents
z = 1
Do While Not (IsEmpty(Sheets("数据过渡").Cells(z, 1)))
    z = z + 1
Loop
For n = 1 To z
    Cells(n + 1, 3) = Sheets("数据过渡").Cells(n, 1).Formula
Next n
'以上7行程序将"数据过渡"工作表第1列(从第1到z行)单元格公式顺次转入"商品品种或分类
'合计"工作表第3列(从第2行起)单元格
Range("A1").Select
End Sub
```

只要执行"计算商品品种或分类合计"宏,"商品品种或分类合计"工作表就会自动生成所有商品销售金额的分级分类合计。以图 13-10 编号目录和图 13-11 销售记录的资料为例,执行结果如图 13-17 所示。

	A	B	C	D
1	商品品种或类别编号	商品品种或类别	销售合计	
2	A101	食品	35	
3	A10101	奶粉A	20	
4	A10102	奶粉B	15	
5	A102	电器	3000	
6	A10201	电视机A	3000	
7				

‖ ◀ ▶ ‖ \商品品种或分类合计 / 数据过渡 / 编号目录 / 销售记录 / 检索标准 /

图 13-17　自动生成的所有商品销售金额分级分类合计

13.5　关于"计算商品品种或分类合计"宏的说明

1. 自动生成检索标准的循环方式

自动生成检索标准代码如下:

```
x = 1
Do While Not (IsEmpty(Sheets("编号目录").Cells(x, 1)))
    x = x + 1
Loop
Sheets("检索标准").Select
Columns("A:A").Select
Selection.ClearContents
For y = 2 To x - 1
   z = 1
   Do While Not (IsEmpty(Cells(z, 1)))
      z = z + 1
   Loop
   Cells(z, 1).Select
   ActiveCell.FormulaR1C1 = "商品品种"
   Cells(z + 1, 1).Select
   ActiveCell.FormulaR1C1 = Sheets("编号目录").Cells(y, 1)
Next y
```

其循环语句的循环方式如下。

第一次循环，y = 2。由于在循环前，"检索标准"工作表的第 1 列（即 A 列）数据已清为空，故此时第 1 列的第 1 个空行数 z 为 1。第一次循环完毕，"检索标准"工作表 A1 单元格中自动输入"商品品种"字样，A2 单元格中自动输入"编号目录"工作表 A 列"商品品种或类别编号"栏下顺次第 1 个编号，即"编号目录"工作表坐标为（2，1）单元格值。

第二次循环，y = 3。第一次循环后，"检索标准"工作表的第 1 列已有数据，此时第 1 列的第 1 个空行数 z 为 3。第二次循环完毕，"检索标准"工作表 A3 单元格中自动输入"商品品种"字样，A4 单元格中自动输入"编号目录"工作表 A 列"商品品种或类别编号"栏下顺次第 2 个编号，即"编号目录"工作表坐标为（3，1）单元格值。

如此进行，全部循环完毕，即完成在"检索标准"工作表的 A 列奇数行单元格输入"商品品种"，偶数行单元格按"编号目录"工作表 A 列所列商品品种或类别编号顺序输入相应的编号。

2．对应编号数据库求和公式的生成

在宏的设计中，生成对应编号的数据求和公式是一个关键问题。在程序中，利用了 Excel 的自动填充功能，希望递推产生所需要的公式。但遗憾的是递推产生的公式出现重复，并且不能与编号对应。为解决这一问题，设计了"数据过渡"工作表。先在"商品品种或分类合计"工作表中递推产生公式，从中挑选出所需公式转入"数据过渡"工作表，再对应编号位置转回"商品品种或分类合计"工作表。具体步骤如下。

先在"商品品种或分类合计"工作表的 C2、C3 单元格中分别输入公式

"=DSUM(Jlk,"金额",检索标准!A1:A2)"

"=DSUM(Jlk,"金额",检索标准!A3:A4)"

（注意：用代码输入时，公式中的"金额"要使用双重引号。）

再选定 C2、C3，向下自动填充公式，则 C2、C3、C4、C5 和 C6（假定到 C6 为止）单元格所含公式依次为

$$\text{"=DSUM(Jlk,"金额",检索标准!A1:A2)"}$$
$$\text{"=DSUM(Jlk,"金额",检索标准!A3:A4)"}$$
$$\text{"=DSUM(Jlk,"金额",检索标准!A3:A4)"}$$
$$\text{"=DSUM(Jlk,"金额",检索标准!A5:A6)"}$$
$$\text{"=DSUM(Jlk,"金额",检索标准!A5:A6)"}$$

然后，将其中的偶数行单元格 C4、C6 所含公式依次转入"数据过渡"工作表单元格 A2 和 A3，并在 A1 单元格中输入公式"=DSUM(Jlk,"金额",检索标准!A1:A2)"，则"数据过渡"工作表 A1、A2 和 A3 单元格所含公式依次为

$$\text{"=DSUM(Jlk,"金额",检索标准!A1:A2)"}$$
$$\text{"=DSUM(Jlk,"金额",检索标准!A3:A4)"}$$
$$\text{"=DSUM(Jlk,"金额",检索标准!A5:A6)"}$$

最后，清除"商品品种或分类合计"工作表第 3 列原有公式，将"数据过渡"工作表第 1 列公式转入。

3. 自动填充公式填充区域末行数的确定

程序中代码

```
Selection.AutoFill Destination:=Range(Cells(2, 3), Cells(2 * x - 4, 3)),
Type:=xlFillDefault
```

自单元格 Cells（2，3）向下自动填充数据库求和公式。那么，填充区域的末行数 2 * x − 4 是怎么确定的呢？

这里 x 是由代码

```
Sheets("商品品种或分类合计").Select
x = 1
Do While Not (IsEmpty(Cells(x, 1)))
    x = x + 1
Loop
```

决定的"商品品种或分类合计"工作表第 1 列（"商品品种或类别编号"栏）从第 1 行起到第 1 个空行的行数，它与商品品种或类别的编号数目相联系。由于自动填充的数据库求和公式从第 2 个公式起都重复一次。所以，填充区域的末行数是 2 * x 加或减一个调整数。在程序的调试过程中，可以估计一个调整数，如减 10，观察运行结果。不符合要求再选择其他调整数。当填充区域的末行数确定为 2 * x − 4 时正好符合要求。

4. 代码"Application.ScreenUpdating = False"的意义

在宏的开头用代码

```
Application.ScreenUpdating = False
```

关闭了工作表切换时界面转换的显示。不进行这项工作也可以，删去该代码不会影响宏的执行结果。只是在宏的执行过程中工作表切换比较频繁，界面转换时感觉有点不适。

5．记录及编号的自动更新

如果销售记录发生变化，只要重新执行宏，就可以立即反映新的数据。

在使用宏时，可以在"编号目录"工作表上编号目录的末尾或中间随时添加新的商品品种或类别编号（当然也可以删除旧的编号，不过应注意各编号之间不能有空行），添加之后再执行宏，就会显示出新编号的数据。

本章小结

分类汇总是存货、销售等数据管理的一个重要问题，利用 Excel 设置的分类汇总功能或 DSUM 函数，一般情况下能够较好地完成任务。

但是，我们希望达到更高的水平。特别是在 Excel 上设计的应用系统，希望数据管理更方便，自动化程度更高。在本章我们通过编码和用 VBA 扩展 DSUM 函数功能的方法达到了目标。

本章代码完成的任务较复杂。在程序设计时，遇到类似情况最好做一个全面计划。考虑要完成哪些任务，先做什么后做什么，各项任务之间的关系怎样。建议读者边编码边执行，一步一步地观察任务完成情况。这样，再复杂的问题一旦分解就会变得简单。并且，每完成一项任务都会有一种成就感，因为我们离目标的实现越来越近。有一点应注意，编完程序后一定要回过头去，认真考虑两个问题：一是有没有特殊情况，如果有该怎样处理，如第 8 章检验特定单元格值那样；二是优化程序，分析一下数据结构安排是否还可以改进，能不能简化代码。

学习本章后，读者是否意识到自己正在成为一名数据管理的"高手"，我们最终的目标是使数据管理工作变得快乐而高效。

思考与练习题

1．"数据过渡"工作表在宏程序的设计中起什么作用？

2．"计算商品品种或分类合计"宏主要完成了以下工作。

（1）清除"商品品种或分类合计"工作表原有数据，将"编号目录"工作表的商品编号和名称转入。

（2）在"检索标准"工作表中自动建立检索标准。

（3）在"商品品种或分类合计"工作表中自动生成对应编号的数据库求和公式。

设置断点分段运行宏，观察任务执行过程。

3．给商品编号要求用字母打头，如食品编号为 A101。试取消所有商品编号前的字母 A，如给食品编号为 101，然后据图 13-11 的销售记录用 DSUM 函数对食品汇总，观察会出现什么问题。

4. （1）试比较代码

```
Cells(2, 3) = "=DSUM(Jlk,""金额"",检索标准!A1:A2)"
```

与图 13-13 中的 DSUM 函数，两者金额参数的引号有什么不同。

（2）修改代码

```
Cells(2, 3) = "=DSUM(Jlk,""金额"",检索标准!A1:A2)"
```

中金额的双重引号，然后执行宏观察会出现什么问题。

第14章　非手工模式会计核算系统设计

本章要点：

- 系统会计核算数据的提供方式；
- 手工与计算机获取报表数据方法上的差异。

我国会计核算软件存在手工账簿的"痕迹"。在计算机应用的初期，会计软件模拟手工设计，人们容易接纳，这有一定的道理。但是，模拟手工账簿设计的软件有以下问题。

（1）为了模拟手工账簿，设计显得复杂。

（2）在会计软件中，人们仍习惯于按手工操作的凭证、账簿和报表进行审计，忽视了可以利用计算机提高审计效率。

（3）受手工操作的影响，不能正确认识计算机处理数据的程序。

一般来讲，会计核算需要提供以下数据：

（1）所有会计业务发生的日期、摘要，涉及的会计科目，以及借（贷）方发生额；

（2）任一会计科目的发生额合计和余额；

（3）任一会计科目连续的数据变化情况（借、贷方发生额变化情况）；

（4）会计报表数据。

在手工操作下，第1项是通过填制凭证，第2、3项是通过记账，第4项是通过编制报表完成的。计算机操作和手工操作的目的都是提供会计核算数据，但可以采用不同的方式。本章在 Excel 上建立一个会计核算系统，提供这些数据。这一系统完全从计算机处理数据的特点出发，抛开了"手工账簿"。从该系统的设计上，我们可以清晰地看到手工与计算机获取报表数据方法上的差异。

14.1　"Excel 会计核算系统"的设计

1. "会计科目表"工作表设计

将一张工作表命名为"会计科目表"，设计格式如图 14-1 所示。

在"会计科目表"工作表中输入会计科目的编号及名称，如图 14-2 所示。

注意图 14-2，在每一个会计科目编号前加有字母，如在"库存现金"编号 1001 前加有 ZC（ZC 为资产拼音的第一个字母），其作用是便于分级汇总。这一点与第 13 章商品编号相同。

	A	B	C
1	科目编号	科目名称	
2			
3			
4			
5			
6			

会计科目表

图 14-1 “会计科目表”工作表格式

	A	B
1	科目编号	科目名称
2	ZC1001	库存现金
3	ZC1002	银行存款
4	ZC1601	固定资产
5	ZC1602	累计折旧
6	FZ2001	短期借款
7	SQ4001	实收资本
8	SQ400101	实收资本—A
9	SQ400102	实收资本—B
10	SQ4103	本年利润
11	SY6602	管理费用
12		

图 14-2 会计科目编号及名称录入示例

“会计科目表”工作表的作用是提供系统使用的会计科目编号及名称。

2. “凭证库”工作表设计

将一张工作表命名为“凭证库”，设计格式如图 14-3 所示。

	A	B	C	D	E	F	G
1						借方合计	贷方合计
2						=SUM(F5:F1000)	=SUM(G5:G1000)
3							
4	日期	凭证号	摘要	科目编号	会计科目	借方金额	贷方金额
5							
6							
7							
8							

凭证库

图 14-3 “凭证库”工作表格式

在该工作表的 F2、G2 单元格设计有计算借（贷）方金额合计数的公式 SUM，以检验借、贷方的平衡。公式中的参数 1 000 是随意确定的，可根据会计业务的多少更改。

假定发生会计业务记录如图 14-4 所示。

	A	B	C	D	E	F	G
1						借方合计	贷方合计
2						191000	191000
3							
4	日期	凭证号	摘要	科目编号	会计科目	借方金额	贷方金额
5	2010-1-1	1	向银行借入三个月期贷款	ZC1002	银行存款	100000	
6	2010-1-1	1	向银行借入三个月期贷款	FZ2001	短期借款		100000
7	2010-1-5	2	提现	ZC1001	库存现金	5000	
8	2010-1-5	2	提现	ZC1002	银行存款		5000
9	2010-1-10	3	追加投资	ZC1002	银行存款	80000	
10	2010-1-10	3	追加投资	SQ400101	实收资本－A		35000
11	2010-1-10	3	追加投资	SQ400102	实收资本－B		45000
12	2010-1-31	4	管理部门固定资产折旧	SY6602	管理费用	3000	
13	2010-1-31	4	管理部门固定资产折旧	ZC1602	累计折旧		3000
14	2010-1-31	5	结转管理费用	SQ4103	本年利润	3000	
15	2010-1-31	5	结转管理费用	SY6602	管理费用		3000

图 14-4 会计业务记录示例

“凭证库”工作表的作用是提供所有会计业务发生的日期、摘要、会计科目、借（贷）方金额等。

3. “检索标准”工作表设计

将一张工作表命名为“检索标准”，设计格式如图 14-5 所示。

按"会计科目表"工作表的科目编号顺序输入科目编号，如图 14-6 所示。

图 14-5 "检索标准"工作表格式

图 14-6 建立检索标准示例

"检索标准"工作表的作用是为下面介绍的"发生额及余额表"工作表中的数据库求和函数 DSUM 建立检索标准。

4."发生额及余额表"工作表设计

将一张工作表命名为"发生额及余额表"，表头设计如图 14-7 所示。

图 14-7 "发生额及余额表"工作表表头格式

该工作表中的公式设计方法如下。

首先，将"会计科目表"工作表各会计科目的"科目编号"和"科目名称"复制到本工作表的"科目编号"和"科目名称"栏下，并录入（或从上期复制得到）期初余额。

第二步，在"本期发生额"的"借方发生额"和"贷方发生额"栏下输入数据库求和函数 DSUM，以求得各会计科目本期"借方发生额"和"贷方发生额"合计数。

第三步，在"期末余额"的"金额"栏下输入余额计算公式，以确定各会计科目的期末余额。

第四步，在"期末余额"的"借或贷"栏下输入条件公式 IF，以确定各会计科目期末余额的方向。

结果如图 14-8～图 14-10 所示。

图 14-8 "发生额及余额表"
工作表公式设计示例

	E	F
1	本期发生额	
2	借方发生额	贷方发生额
3	=DSUM(凭证库!A4:G1000,"借方金额",检索标准!A1:A2)	=DSUM(凭证库!A4:G1000,"贷方金额",检索标准!A1:A2)
4	=DSUM(凭证库!A4:G1000,"借方金额",检索标准!A3:A4)	=DSUM(凭证库!A4:G1000,"贷方金额",检索标准!A3:A4)
5	=DSUM(凭证库!A4:G1000,"借方金额",检索标准!A5:A6)	=DSUM(凭证库!A4:G1000,"贷方金额",检索标准!A5:A6)
6	=DSUM(凭证库!A4:G1000,"借方金额",检索标准!A7:A8)	=DSUM(凭证库!A4:G1000,"贷方金额",检索标准!A7:A8)
7	=DSUM(凭证库!A4:G1000,"借方金额",检索标准!A9:A10)	=DSUM(凭证库!A4:G1000,"贷方金额",检索标准!A9:A10)
8	=DSUM(凭证库!A4:G1000,"借方金额",检索标准!A11:A12)	=DSUM(凭证库!A4:G1000,"贷方金额",检索标准!A11:A12)
9	=DSUM(凭证库!A4:G1000,"借方金额",检索标准!A13:A14)	=DSUM(凭证库!A4:G1000,"贷方金额",检索标准!A13:A14)
10	=DSUM(凭证库!A4:G1000,"借方金额",检索标准!A15:A16)	=DSUM(凭证库!A4:G1000,"贷方金额",检索标准!A15:A16)
11	=DSUM(凭证库!A4:G1000,"借方金额",检索标准!A17:A18)	=DSUM(凭证库!A4:G1000,"贷方金额",检索标准!A17:A18)
12	=DSUM(凭证库!A4:G1000,"借方金额",检索标准!A19:A20)	=DSUM(凭证库!A4:G1000,"贷方金额",检索标准!A19:A20)

图 14-9　续图 14-8

现在以科目编号 ZC1001 对应的 DSUM、IF 和余额计算公式为例作进一步说明。

DSUM 有三个参数。第一个参数：凭证库!A4:G1000，明确求和区域为"凭证库"工作表的 A4:G1000；第二个参数："借方金额"（或"贷方金额"），明确是对"借方金额"（或"贷方金额"）求和；第三个参数：检索标准!A1:A2，明确是对科目编号为 ZC1001 的科目求和。

	G	H
1	期末余额	
2	借或贷	金额
3	=IF(H3=0,"平","借")	=D3+E3-F3
4	=IF(H4=0,"平","借")	=D4+E4-F4
5	=IF(H5=0,"平","借")	=D5+E5-F5
6	=IF(H6=0,"平","贷")	=D6+F6-E6
7	=IF(H7=0,"平","贷")	=D7+F7-E7
8	=IF(H8=0,"平","贷")	=D8+F8-E8
9	=IF(H9=0,"平","贷")	=D9+F9-E9
10	=IF(H10=0,"平","贷")	=D10+F10-E10
11	=IF(H11=0,"平","贷")	=D11+F11-E11
12	=IF(H12=0,"平","借")	=D12+E12-F12

图 14-10　续图 14-8

公式 IF(H3=0,"平","借")的意义为，如果 H3 的值（ZC1001 期末余额的金额）为 0，则为平，否则为借。该公式中借或贷参数的确定原则为，余额一般在借方的科目设为"借"，如资产类、费用类；余额一般在贷方的科目设为"贷"，如权益类、收入类。

公式"=D3+E3-F3"的意义为，ZC1001 的期初余额加上借方发生额减去贷方发生额。该公式设置的原则为，余额一般在借方的科目设为"期初余额加上借方发生额减去贷方发生额"，余额一般在贷方的科目设为"期初余额加上贷方发生额减去借方发生额"。

以图 14-4 所示的会计业务为例,本期发生额合计和期末余额计算结果如图 14-11 所示(期初余额需录入或从上期的期末余额复制得到)。

	A	B	C	D	E	F	G	H
1			期初余额		本期发生额		期末余额	
2	科目编号	科目名称	借或贷	金额	借方发生额	贷方发生额	借或贷	金额
3	ZC1001	库存现金	借	5000	5000	0	借	10000
4	ZC1002	银行存款	借	47000	180000	5000	借	222000
5	ZC1601	固定资产	借	105000	0	0	借	105000
6	ZC1602	累计折旧	贷	7000	0	3000	贷	10000
7	FZ2001	短期借款	平	0	0	100000	贷	100000
8	SQ4001	实收资本	贷	150000	0	80000	贷	230000
9	SQ400101	实收资本－A	贷	50000	0	35000	贷	85000
10	SQ400102	实收资本－B	贷	100000	0	45000	贷	145000
11	SQ4103	本年利润	平	0	3000	0	贷	-3000
12	SY6602	管理费用	平	0	3000	3000	平	0

图 14-11　本期发生额合计和期末余额计算示例

在图 14-11 中，"本年利润"贷方金额为"-3000"，表示借方金额为 3000。

在图 14-11 中，"实收资本"本期发生额采用的是分级求和（凡有子细目的科目均可类似分级求和，以提供各级明细指标）。"实收资本"（SQ4001）有两个子细目："实收资本-A"（SQ400101）和"实收资本-B"（SQ400102）。从图 14-8 中可以看出，"实收资本"一级指标按 SQ4001 求和（DSUM 参数"检索标准!A11:A12"为 SQ4001 所在区域），二级指标分别按

SQ400101 和 SQ400102 求和（DSUM 参数"检索标准!A13:A14"、"检索标准!A15:A16"分别为 SQ400101 和 SQ400102 所在区域），其二级指标的合计数正好是一级指标的数值。

应当指出的是，该工作表中的公式可采用自动填充或复制方式方便地得到（参数需稍加修改）。

"发生额及余额表"工作表的作用是提供所有会计科目的本期发生额合计，以及期初、期末余额。

5. 会计报表工作表设计

在"发生额及余额表"工作表中提供了编制报表的发生额和余额，所以会计报表工作表只需按会计报表的式样设计，数据通过公式从"发生额及余额表"工作表获取即可。

现以"资产负债表"工作表的设计为例。

将一张工作表命名为"资产负债表"，按资产负债表的式样设计格式如图 14-12 所示（图中只给出了货币资金的公式，其他项目公式设置可类似进行）。

	A	B	C	D	E	F
1			资产负债表			
2				负债及所有者权益	期初数	期末数
3	资产	期初数	期末数			
4	货币资金	=VLOOKUP("ZC1001",发生额及余额表!A2:H500,4,0)+VLOOKUP("ZC1002",发生额及余额表!A2:H500,4,0)	=VLOOKUP("ZC1001",发生额及余额表!A2:H500,8,0)+VLOOKUP("ZC1002",发生额及余额表!A2:H500,8,0)			

图 14-12 "资产负债表"工作表格式

该工作表中的 B4、C4 单元格设计有查找公式 VLOOKUP，以在"发生额及余额表"工作表获取库存现金和银行存款的期初（末）余额。

VLOOKUP("ZC1001",发生额及余额表!A2：H500,4，0)四个参数的意义为，第一个参数："ZC1001"，明确查找科目的编号（该参数是库存现金科目的编号，若设为"ZC1002"则为银行存款）；第二个参数：发生额及余额表!A2：H500，明确查找区域为"发生额及余额表"工作表的 A2：H500（其中 500 可据需要修改）；第三个参数：4，从"发生额及余额表"工作表知道，用于查找科目编号为 ZC1001 的期初余额（若设为 8，则为期末余额）；第四个参数：0，意义为精确匹配。公式计算结果如图 14-13 所示。

	A	B	C	D	E	F
1			资产负债表			
2						
3	资产	期初数	期末数	负债及所有者权益	期初数	期末数
4	货币资金	52000	232000			
5						
6						

图 14-13 "资产负债表"设计示例

"资产负债表"等工作表的作用是提供会计报表数据。

14.2 系统使用与维护

1. 系统使用

（1）系统设计完成后，每月复制一个文件供该月会计核算使用。

（2）当月的期初余额从上月的期末余额复制得到。注意粘贴时仅粘贴数值，方法为单击菜单"编辑"→"选择性粘贴"项，在弹出的"选择性的粘贴"对话框的"粘贴"栏中选择"数值"，如图 14-14、图 14-15 所示。

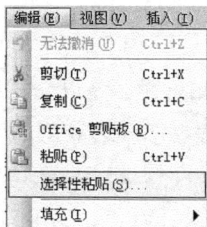

图 14-14　单击"编辑"→"选择性粘贴"　　　图 14-15　在"粘贴"栏中选择"数值"

（3）发生会计业务，在"凭证库"工作表中录入有关数据，系统将自动产生"发生额及余额表"工作表和"资产负债表"等工作表数据。

可以设计如 2.2 节的记账凭证格式记录经济业务，然后利用 4.3 节介绍的"工作表数据的自动结转"技术将数据转入"凭证库"工作表。这样，界面比较友好，操作方便。

（4）数据查询方法如下。

若要查询会计业务，选择"凭证库"工作表。

若要查询任一会计科目的余额和发生额，选择"发生额及余额表"工作表。

若要查询任一会计科目连续的数据变化情况（借、贷方发生额变化情况），在"凭证库"工作表中使用菜单"数据"→"筛选"→"自动筛选"即可实现。例如，筛选银行存款记录的方法为：先选定"凭证库"工作表数据区域任意一个单元格，如 D5，再单击"数据"→"筛选"→"自动筛选"项，在"会计科目"下拉项中选择"银行存款"，即显示筛选结果。注意"借方合计"和"贷方合计"是所有会计业务记录的合计，非筛选结果合计，如图 14-16～图 14-18 所示。

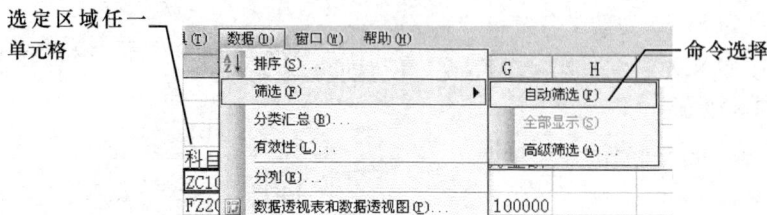

图 14-16　选定区域后，单击"数据"→"筛选"→"自动筛选"

若要查询资产负债表等会计报表，选择"资产负债表"等工作表。

2．系统维护

（1）系统文件可加密。

（2）为防止无意中破坏系统格式设计，对表头、公式等不输入数据的单元格可进行保护。

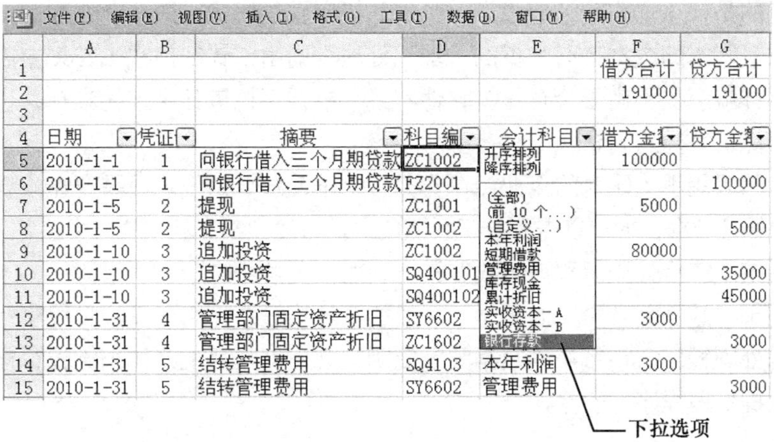

	A	B	C	D	E	F	G
1						借方合计	贷方合计
2						191000	191000
3							
4	日期	凭证	摘要	科目编	会计科目	借方金额	贷方金额
5	2010-1-1	1	向银行借入三个月期贷款	ZC1002		100000	
6	2010-1-1	1	向银行借入三个月期贷款	FZ2001			100000
7	2010-1-5	2	提现	ZC1001		5000	
8	2010-1-5	2	提现	ZC1002			5000
9	2010-1-10	3	追加投资	ZC1002		80000	
10	2010-1-10	3	追加投资	SQ400101			35000
11	2010-1-10	3	追加投资	SQ400102			45000
12	2010-1-31	4	管理部门固定资产折旧	SY6602		3000	
13	2010-1-31	4	管理部门固定资产折旧	ZC1602			3000
14	2010-1-31	5	结转管理费用	SQ4103	本年利润	3000	
15	2010-1-31	5	结转管理费用	SY6602	管理费用		3000

图 14-17　在“会计科目”下拉项中选择“银行存款”

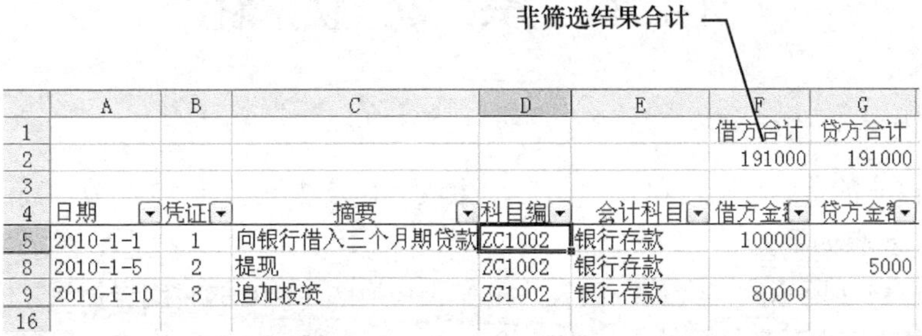

	A	B	C	D	E	F	G
1						借方合计	贷方合计
2						191000	191000
3							
4	日期	凭证	摘要	科目编	会计科目	借方金额	贷方金额
5	2010-1-1	1	向银行借入三个月期贷款	ZC1002	银行存款	100000	
8	2010-1-5	2	提现	ZC1002	银行存款		5000
9	2010-1-10	3	追加投资	ZC1002	银行存款	80000	
16							

图 14-18　筛选示例结果

（3）系统可根据需要在“会计科目表”工作表中灵活增减会计科目，但应注意相应调整各工作表公式中的参数。

14.3　系统特点及适用范围

1．系统特点

该系统从会计核算最终信息的需要出发来提供会计数据，不受手工会计模式的影响。系统设计简单，只利用了 Excel 的一些常用功能，不使用任何代码，具有“设计轻松，简单易用，维护方便”的特点，且可利用 Excel 的分析和网络功能方便地进行后续数据处理。

2．系统适用范围

（1）这一系统特别适于小企业，几乎不存在设计成本，而且实用，便于操作与维护。

（2）可作为一个计算机审计软件。若要对企业的会计核算数据进行审计，只需要提供企业当月“凭证库”工作表和上月期末余额“底层”数据，即可利用该系统自动产生“发生额及余额表”工作表和“资产负债表”等工作表数据，以查验企业账簿和会计报表数据的准确性。这样可以极大地减少审计的工作量，从而将审计的重点放在“底层”数据上。

值得一提的是，这里实际上给出了一个计算机审计的模式，即让企业在 Excel 这一通用的软件上提供最基本的数据，而数据的"加工处理"则由审计部门在 Excel 上设计的系统中统一进行。这样就解决了由于会计核算软件不统一给计算机审计带来的难题，也解决了手工账簿不便于计算机审计的问题。

（3）对仍然采用手工账簿的企业，可作为一个辅助核算系统。只需要在"凭证库"工作表中输入会计凭证数据，便可以得到登记总账的"借方发生额"和"贷方发生额"汇总数据，而且还可利用该系统检验账簿和报表数据的正确性，事半功倍。

（4）可用于"基础会计学"的教学。一般的会计核算软件由于看不见程序代码，因而无法了解其数据处理程序。该系统的数据关系简明直观，可与手工账簿相比较，让学生观察计算机与手工数据处理程序上的差异。

14.4 系 统 优 化

1. 自动生成检索标准

前面图 14-6 的检索标准可以用代码自动生成，其方法可参照 13.4 节"商品品种"检索标准的建立。步骤如下。

（1）用图 14-2 所示的"会计科目表"工作表替换图 13-10 的"编号目录"工作表。

（2）在自动生成商品品种检索标准的代码中，将"商品品种"换成"科目编号"，"编号目录"换成"会计科目表"。

代码如下：

```
Sub 自动生成检索标准()
    x = 1
    Do While Not (IsEmpty(Sheets("会计科目表").Cells(x, 1)))
        x = x + 1
    Loop
    Sheets("检索标准").Select
    Columns("A:A").Select
    Selection.ClearContents
    For y = 2 To x - 1
        z = 1
        Do While Not (IsEmpty(Cells(z, 1)))
            z = z + 1
        Loop
        Cells(z, 1).Select
        ActiveCell.FormulaR1C1 = "科目编号"
        Cells(z + 1, 1).Select
        ActiveCell.FormulaR1C1 = Sheets("会计科目表").Cells(y, 1)
    Next y
    '以上10行程序,在"检索标准"工作表的第1列,从第1行起,奇数行单元格输入"科目编号",偶数行
     单元格按"会计科目表"工作表第1列所列"科目编号"顺序输入相应的编号,以自动建立包括最新
     所设会计科目编号的检索标准
End Sub
```

2．自动填充 DSUM 公式

前面图 14-9 中的 DSUM 公式也可以用代码自动填充，可完全类似地参照 13.4 节自动填充 DSUM 公式的方法进行。

代码如下：

```
Sub 自动填充DSUM公式()
    Application.ScreenUpdating = False
    Sheets("凭证库").Select
    x = 4
    Do While Not (IsEmpty(Cells(x, 1)))
        x = x + 1
    Loop
    ActiveWorkbook.Names.Add Name:="Pzk", RefersToR1C1:= _
        Range(Cells(4, 1), Cells(x - 1, 7))
    Sheets("发生额及余额表").Select
    x = 2
    Do While Not (IsEmpty(Cells(x, 1)))
        x = x + 1
    Loop
    Range(Cells(3, 5), Cells(x - 1, 6)).Select
    Selection.Clear
    Cells(3, 5) = "=DSUM(Pzk,""借方金额"",检索标准!A1:A2)"
    Cells(4, 5) = "=DSUM(Pzk,""借方金额"",检索标准!A3:A4)"
    Range("E3:E4").Select
    '选定E3:E4区域
    Selection.AutoFill Destination:=Range(Cells(3, 5), Cells(2 * x - 5, 5)),
Type:=xlFillDefault
    '向下自动填充数据库求和公式至2 * x - 5行
    x = 2
    Do While Not (IsEmpty(Sheets("发生额及余额表").Cells(x, 1)))
        x = x + 1
    Loop
    Sheets("数据过渡").Select
    Cells(1, 1) = "=DSUM(Pzk,""借方金额"",检索标准!A1:A2)"
    For m = 2 To x
        Cells(m, 1) = Sheets("发生额及余额表").Cells(2 * m, 5).Formula
    Next m
    '以上3行程序将"发生额及余额表"工作表第5列的2*m( m 从2到x)行单元格公式转入"数据
过渡"工作表坐标为(m, 1)的单元格
    Sheets("发生额及余额表").Select
    y = 2
    Do While Not (IsEmpty(Cells(y, 1)))
        y = y + 1
    Loop
    Range(Cells(3, 5), Cells(2 * y - 5, 5)).Select
    Selection.ClearContents
    z = 1
    Do While Not (IsEmpty(Sheets("数据过渡").Cells(z, 1)))
        z = z + 1
    Loop
    For n = 1 To z
```

```
      Cells(n + 2, 5) = Sheets("数据过渡").Cells(n, 1).Formula
   Next n
   '以上 7 行程序将"数据过渡"工作表第 1 列(从第 1 到 z 行)单元格公式顺次转入"发生额及余额表"
工作表第 5 列(从第 3 行起)单元格
   '以上程序在"发生额及余额表"工作表第 5 列(从第 3 行起)自动填充 DSUM 公式
   Sheets("发生额及余额表").Select
   Cells(3, 6) = "=DSUM(Pzk,""贷方金额"",检索标准!A1:A2)"
   Cells(4, 6) = "=DSUM(Pzk,""贷方金额"",检索标准!A3:A4)"
   Range("F3:F4").Select
   '选定 F3:F4 区域
   Selection.AutoFill Destination:=Range(Cells(3, 6), Cells(2 * x - 5, 6)),
Type:=xlFillDefault
   x = 2
   Do While Not (IsEmpty(Sheets("发生额及余额表").Cells(x, 1)))
      x = x + 1
   Loop
   Sheets("数据过渡").Select
   Cells(1, 1) = "=DSUM(Pzk,""贷方金额"",检索标准!A1:A2)"
   For m = 2 To x
      Cells(m, 1) = Sheets("发生额及余额表").Cells(2 * m, 6).Formula
   Next m
   Sheets("发生额及余额表").Select
   y = 2
   Do While Not (IsEmpty(Cells(y, 1)))
      y = y + 1
   Loop
   Range(Cells(3, 6), Cells(2 * y - 5, 6)).Select
   Selection.ClearContents
   z = 1
   Do While Not (IsEmpty(Sheets("数据过渡").Cells(z, 1)))
      z = z + 1
   Loop
   For n = 1 To z
      Cells(n + 2, 6) = Sheets("数据过渡").Cells(n, 1).Formula
   Next n
   Range("A1").Select
   '以上 29 行程序在"发生额及余额表"工作表第 6 列(从第 3 行起)自动填充 DSUM 公式
End Sub
```

自动填充 DSUM 公式的好处主要在于，如果变动了会计科目，检索标准发生变化，更新 DSUM 公式非常方便，完全自动进行，且不会出错。

3．用代码确定期末余额

前面图 14-10 中的期末余额方向及金额也可以依据下面的会计学原理用代码确定。

首先，判断期初余额的方向，然后分情况确定。

（1）期初余额的方向为"贷"，那么用公式"贷方余额 + 贷方发生额 – 借方发生额"计算余额。如果结果为正数，余额的方向仍为"贷"；如果结果为负数，取绝对值，并且余额的方向转为"借"；如果结果为零，余额的方向记为"平"。

（2）期初余额的方向为"借"，那么用公式"借方余额 + 借方发生额 – 贷方发生额"计算余额。如果结果为正数，余额的方向仍为"借"；如果结果为负数，取绝对值，并且余额的方向转为"贷"；如果结果为零，余额的方向记为"平"。

（3）期初余额的方向为"平"，那么用公式"借方发生额 – 贷方发生额"计算余额。如果结果为正数，余额的方向为"借"；如果结果为负数，取绝对值，并且余额的方向记为"贷"；如果结果为零，余额的方向仍为"平"。

代码如下：

```
Sub 用代码确定期末余额()
    Sheets("发生额及余额表").Select
    x = 2
    Do While Not (IsEmpty(Cells(x, 1)))
        x = x + 1
    Loop
    Range(Cells(3, 7), Cells(x - 1, 8)).Select
    Selection.Clear
    For t = 3 To x - 1
      If Cells(t, 3) = "贷" Then
        Range(Cells(t, 8), Cells(t, 8)).Select
        ActiveCell.FormulaR1C1 = "=RC[-4]+RC[-2]-RC[-3]"
        If Cells(t, 8) > 0 Then
          Cells(t, 7) = "贷"
        Else
          If Cells(t, 8) < 0 Then
            Cells(t, 7) = "借"
            Cells(t, 8) = Abs(Cells(t, 8))
          Else
            Cells(t, 7) = "平"
          End If
        End If
      Else
        If Cells(t, 3) = "借" Then
          Range(Cells(t, 8), Cells(t, 8)).Select
          ActiveCell.FormulaR1C1 = "=RC[-4]+RC[-3]-RC[-2]"
          If Cells(t, 8) > 0 Then
            Cells(t, 7) = "借"
          Else
            If Cells(t, 8) < 0 Then
              Cells(t, 7) = "贷"
              Cells(t, 8) = Abs(Cells(t, 8))
            Else
              Cells(t, 7) = "平"
            End If
          End If
        Else
          If Cells(t, 3) = "平" Then
            Range(Cells(t, 8), Cells(t, 8)).Select
            ActiveCell.FormulaR1C1 = "=RC[-3]-RC[-2]"
            If Cells(t, 8) > 0 Then
              Cells(t, 7) = "借"
            Else
              If Cells(t, 8) < 0 Then
                Cells(t, 7) = "贷"
```

```
                Cells(t, 8) = Abs(Cells(t, 8))
            Else
                Cells(t, 7) = "平"
            End If
        End If
      End If
    End If
  Next t
End Sub
```

4．设计带标签的发生额及余额函数

为了更方便地提取各种报表所需的数据，可以设计反映期初、期末余额和本期发生额的6个自定义 Excel 函数 Qcjy、Qcdy、Bqjf、Bqdf、Qmjy、Qmdy。当为函数变量定义科目编号后，自动检索"发生额及余额"工作表上对应科目编号的期初、期末余额和本期发生额。需要某个数据时，只需在报表的相应项目中定义这6个函数的某一个即可。

函数 Qcjy 取"期初借余（期初借方余额简称）"拼音的第一个字母为名，表示该函数反映某科目的期初借方余额，至于是哪个科目，以函数定义的科目编号来确定。这样，函数 Qcjy 就带有"期初借方余额"的标签了，在用之定义报表时显得非常方便，这一点在 5.1 节已经看到。函数 Qcdy 等的命名与 Qcjy 类似。

（1）函数 Qcjy。

函数 Qcjy 确定在"发生额及余额"工作表上对应函数变量所定义科目编号的期初借方余额数据。其代码如下：

```
Function Qcjy(科目编号)
    If IsEmpty(Sheets("会计科目表").Cells(2, 1).Value) Then
        Qcjy = "0"
        '执行以上 2 行程序,如果"会计科目表"工作表坐标为(2,1)的单元格为空(即用户未设置任何
         会计科目),那么 Qcjy 函数值为 0
    Else
        If IsEmpty(Sheets("凭证库").Cells(5, 1).Value) Then
            Qcjy = "0"
            '执行以上 2 行程序,'如果"凭证库"工作表坐标为(5,1)的单元格为空(即用户当期未
             发生任何经济业务),那么 Qcjy 函数值为 0
        Else
            x = 2
            Do While Not (IsEmpty(Sheets("发生额及余额表").Cells(x, 3).Value))
                x = x + 1
            Loop
            Found = False
            For t = 3 To x - 1
                If 科目编号 = Sheets("发生额及余额表").Cells(t, 1) Then
                    Found = True
                    Exit For
                End If
            Next t
            '以上 11 行程序,在"发生额及余额表"工作表第 1 列(即科目编号栏)查找 Qcjy 函数变
             量所定义的科目编号.如果找到了,Found 就由 False 变为 true
            If Found = True Then
```

```
        If Sheets("发生额及余额表").Cells(t, 3) = "借" Then
           Qcjy = Sheets("发生额及余额表").Cells(t, 4)
           '执行以上3行程序,如果找到了Qcjy函数变量所定义的科目编号,且对应期初余
           额的方向为"借",那么,Qcjy函数值为"发生额及余额表"工作表坐标为(t, 4)单
           元格值(即"发生额及余额表"工作表上对应于科目编号"期初余额"的"金额"栏数据)
        Else
           Qcjy = "0"
        End If
     Else
        Qcjy = "科目编号错"
        '如果未找到,弹出"科目编号错"对话框
     End If
   End If
 End If
End Function
```

　　程序首先判断是否设置会计科目和发生经济业务,如果未设置会计科目或发生经济业务,即设定函数值为零。如果不进行这一工作,一旦出现未设置会计科目或未发生经济业务的特殊情况,执行后面的程序就会出错。

　　（2）函数 Qcdy。

　　函数 Qcdy 确定在"发生额及余额"工作表上对应函数变量所定义科目编号的期初贷方余额数据。其代码如下：

```
Function Qcdy(科目编号)
   If IsEmpty(Sheets("会计科目表").Cells(2, 1).Value) Then
      Qcdy = "0"
   Else
      If IsEmpty(Sheets("凭证库").Cells(5, 1).Value) Then
         Qcdy = "0"
      Else
         Found = False
         x = 2
         Do While Not (IsEmpty(Sheets("发生额及余额表").Cells(x, 3).Value))
            x = x + 1
         Loop
         For t = 3 To x - 1
            If 科目编号 = Sheets("发生额及余额表").Cells(t, 1) Then
               Found = True
               Exit For
            End If
         Next t
         If Found = True Then
            If Sheets("发生额及余额表").Cells(t, 3) = "贷" Then
               Qcdy = Sheets("发生额及余额表").Cells(t, 4)
            Else
               Qcdy = "0"
            End If
         Else
            Qcdy = "科目编号错"
         End If
      End If
   End If
End Function
```

（3）函数 Bqjf。

函数 Bqjf 确定在"发生额及余额"工作表上对应函数变量所定义科目编号的"本期发生额"的"借方发生额"栏数据。其代码如下：

```
Function Bqjf(科目编号)
    If IsEmpty(Sheets("会计科目表").Cells(2, 1).Value) Then
        Bqjf = "0"
    Else
        If IsEmpty(Sheets("凭证库").Cells(5, 1).Value) Then
            Bqjf = "0"
        Else
            Found = False
            x = 2
            Do While Not (IsEmpty(Sheets("发生额及余额表").Cells(x, 3).Value))
                x = x + 1
            Loop
            For t = 3 To x - 1
                If 科目编号 = Sheets("发生额及余额表").Cells(t, 1) Then
                    Found = True
                    Exit For
                End If
            Next t
            If Found = True Then
                Bqjf = Sheets("发生额及余额表").Cells(t, 5)
                '执行以上 2 行程序,如果找到了 Bqjf 函数变量所定义的科目编号,那么,Bqjf 函
                数值为"发生额及余额表"工作表坐标为(t, 5)单元格值(即"发生额及余额表"工
                作表上对应于科目编号"本期发生额"的"借方发生额"栏数据)
            Else
                Bqjf = "科目编号错"
            End If
        End If
    End If
End Function
```

（4）函数 Bqdf。

函数 Bqdf 确定在"发生额及余额"工作表上对应函数变量所定义科目编号的"本期发生额"的"贷方发生额"栏数据。其代码如下：

```
Function Bqdf(科目编号)
    If IsEmpty(Sheets("会计科目表").Cells(2, 1).Value) Then
        Bqdf = "0"
    Else
        If IsEmpty(Sheets("凭证库").Cells(5, 1).Value) Then
            Bqdf = "0"
        Else
            Found = False
            x = 2
            Do While Not (IsEmpty(Sheets("发生额及余额表").Cells(x, 3).Value))
                x = x + 1
            Loop
            For t = 3 To x - 1
                If 科目编号 = Sheets("发生额及余额表").Cells(t, 1) Then
```

```
                Found = True
                Exit For
            End If
        Next t
        If Found = True Then
            Bqdf = Sheets("发生额及余额表").Cells(t, 6)
            '执行以上 2 行程序, 如果找到了 Bqdf 函数变量所定义的科目编号, 那么, Bqdf 函
            数值为"发生额及余额表"工作表坐标为(t, 6)单元格值(即"发生额及余额表"工
            作表上对应于科目编号"本期发生额"的"贷方发生额"栏数据)
        Else
            Bqdf = "科目编号错"
        End If
    End If
  End If
End Function
```

（5）函数 Qmjy。

函数 Qmjy 确定在"发生额及余额"工作表上对应函数变量所定义科目编号的期末借方余额数据。其代码如下：

```
Function Qmjy(科目编号)
    If IsEmpty(Sheets("会计科目表").Cells(2, 1).Value) Then
        Qmjy = "0"
    Else
        If IsEmpty(Sheets("凭证库").Cells(5, 1).Value) Then
            Qmjy = "0"
        Else
            Found = False
            x = 2
            Do While Not (IsEmpty(Sheets("发生额及余额表").Cells(x, 3).Value))
                x = x + 1
            Loop
            For t = 3 To x - 1
                If 科目编号 = Sheets("发生额及余额表").Cells(t, 1) Then
                    Found = True
                    Exit For
                End If
            Next t
            If Found = True Then
                If Sheets("发生额及余额表").Cells(t, 7) = "借" Then
                Qmjy = Sheets("发生额及余额表").Cells(t, 8)
                Else
                Qmjy = "0"
                End If
            Else
                Qmjy = "科目编号错"
            End If
        End If
    End If
End Function
```

（6）函数 Qmdy。

函数 Qmdy 确定在"发生额及余额"工作表上对应函数变量所定义科目编号的期末贷方

余额数据。其代码如下：

```
Function Qmdy(科目编号)
    If IsEmpty(Sheets("会计科目表").Cells(2, 1).Value) Then
        Qmdy = "0"
    Else
        If IsEmpty(Sheets("凭证库").Cells(5, 1).Value) Then
            Qmdy = "0"
        Else
            Found = False
            x = 2
            Do While Not (IsEmpty(Sheets("发生额及余额表").Cells(x, 3).Value))
                x = x + 1
            Loop
            For t = 3 To x - 1
                If 科目编号 = Sheets("发生额及余额表").Cells(t, 1) Then
                    Found = True
                    Exit For
                End If
            Next t
            If Found = True Then
                If Sheets("发生额及余额表").Cells(t, 7) = "贷" Then
                  Qmdy = Sheets("发生额及余额表").Cells(t, 8)
                Else
                  Qmdy = "0"
                End If
            Else
                Qmdy = "科目编号错"
            End If
        End If
    End If
End Function
```

设计以上函数后，前面图 14-12 的资产负债表可定义如图 14-19 所示。

用自定义 Qcjy 等函数定义报表较为方便，但应注意当数据更新后用 5.1 节“更新自定义函数值”宏更新数据。

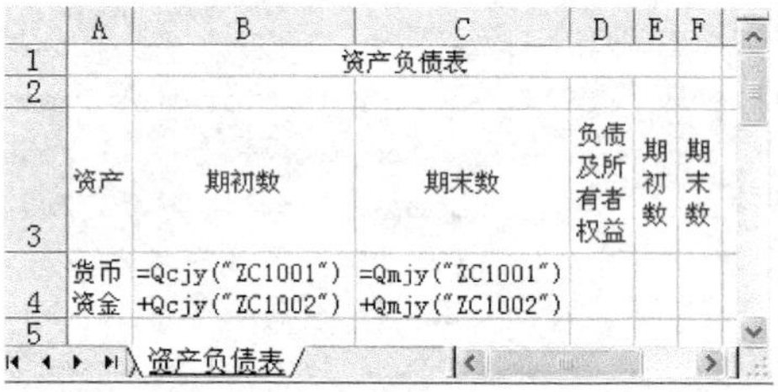

	A	B	C	D	E	F
1		资产负债表				
2						
3	资产	期初数	期末数	负债及所有者权益	期初数	期末数
4	货币资金	=Qcjy("ZC1001")+Qcjy("ZC1002")	=Qmjy("ZC1001")+Qmjy("ZC1002")			
5						

图 14-19　设置自定义函数定义报表

14.5　与手工模式会计核算系统的比较

在获取会计信息方面，下面与手工模式会计核算系统作一比较。

（1）记账凭证。记账凭证信息可以通过凭证库工作表查得。

（2）总账。总账信息可以通过发生额及余额工作表查得。

（3）明细账。明细账的借、贷方发生额变化信息，可以通过在“凭证库”工作表中使用菜单“数据”→“筛选”→“自动筛选”功能获得；明细账的借、贷方发生额合计及余额信息可以通过发生额及余额工作表查得。

（4）报表。报表信息可以在资产负债表等报表中查阅。

可见，与手工模式会计核算系统比较，所设计的非手工模式会计核算系统完全能提供同样的信息，且设计非常简便。

14.6　自动编制现金流量表

下面结合系统的设计讨论一下现金流量表的自动编制问题。

由于现金流入流出频繁，手工编制现金流量表年终工作量很大。并且，手工操作不可能随时生成现金流量表，为企业管理提供任意时刻的现金流量信息。因此，我们希望在计算机上完成现金流量表的自动编制。

手工编制报表的方法是，由记账凭证登记账簿，再据账簿编制报表。编制现金流量表也可以采用分析账户得出报表所需数据的方法。但是，由于经济业务多样，账户数据的变动原因复杂，分析账户数据方法比较灵活，因而不便在计算机上进行。

注意到账户数据源于凭证，而每一张记账凭证只涉及单一的经济业务，容易分析其对应的现金流量表项目，那么可以考虑直接分析记账凭证得出现金流量表所需数据。这种方法需要解决的问题是，如何将分散的对应现金流量表项目的凭证数据分类汇总。在手工环境下，不可能这样做，因为汇总凭证数据远比从账户上分析取得数据工作量大得多。然而，在计算机环境下，这种方法是完全可行的。从系统的设计可以看出，报表数据如果是本期发生额，可以利用 DSUM 函数从凭证库工作表上方便地获得。

在编制现金流量表正表时，按照现金流量表的项目设置现金（包括现金和现金等价物）科目的子细目。凡是涉及现金收付的业务均按现金子细目编制记账凭证，然后按现金子细目汇总凭证形成现金流量表数据。

如销售产品一批，销售价款 700 000 元，应收的增值税额 119 000 元，货款银行已收妥。记

借：银行存款——销售商品、提供劳务收到的现金　　819 000

　　贷：主营业务收入　　　　　　　　　　　　　　　700 000

　　　　应交税金——应交增值税（销项税额）　　　119 000

分录中"销售商品、提供劳务收到的现金"为依据现金流量表项目设置的现金子细目。前期应收账款收回等也同样反映在现金子细目"银行存款（或库存现金）——销售商品、提供劳务收到的现金"中。

会计期末，按科目"银行存款（或库存现金）——销售商品、提供劳务收到的现金"汇总记账凭证即可得到现金流量表"销售商品、提供劳务收到的现金"项目数据。

类似地，可以得到现金流量表"补充资料"的调整项目数据。如凡是提取固定资产折旧业务均以"累计折旧"科目的子细目"计提的固定资产折旧费"（为编表增设）反映，按该科目汇总记账凭证数据即得到"固定资产折旧"项目金额。又如"存货的减少"，该项目是指经营性活动存货的变动，但也可能发生投资性活动存货的变动。事先区别经营、投资性活动增设存货类科目的子细目，然后按经营性活动存货的减少或增加汇总即可。

本章小结

本章介绍了一个建立在 Excel 上的会计核算系统,该系统从会计核算最终信息的需要出发来提供会计数据,不受手工会计模式的影响。在报表数据获取方法上,手工环境下是:凭证—账簿—报表,而从系统的设计看到,报表数据可以直接从凭证汇总获得,也就是:凭证—报表。正是基于这一点,我们解决了计算机上现金流量表的自动编制问题。

通过本章的学习,相信您对计算机技术应用导致会计信息管理观念和方法上的变化又会有新的体会。

思考与练习题

1. 将 VLOOKUP 函数与第 5 章自定义函数 KCSL 进行比较,分析两者在功能和参数设置上有何异同。

2. 自动填充 DSUM 公式宏在填充公式时分成了两步,先填充第 5 列公式,再第 6 列,但这两步的代码是完全类似的。能否改进宏,一次完成两列公式的填充,简化代码,请作一试验。

3. 试将自动生成检索标准、自动填充 DSUM 公式和用代码确定期末余额三个宏合并成一个宏,并观察执行效果。

4. 在系统所在工作簿中选择一张工作表命名为"利润表",在该表上用 DSUM 函数直接从"凭证库"工作表中获取管理费用数据。

第15章 特殊数据处理

本章要点：

- 计算高次方；
- Excel 数据估值方法；
- 动态图形设计。

Excel 在数据管理方面除了具备常用的数据库管理功能（如分类汇总、筛选等）外，还有很强的计算和形成图表能力，可以对数据进行一些特殊处理。本章通过几个示例作简单介绍。

15.1 高次方计算

住房贷款一般均采用等额本息还款（每月偿还等额的本息）方式，但是不同类型的客户其还贷能力有较大的差别。例如，刚参加工作不久的年轻客户，收入一般会逐年增加，还贷能力前期较弱中后期逐渐增强呈递增趋势，而临近退休的客户其还贷能力可能呈递减趋势。也可能客户的还贷能力呈先递增后递减，或先递减后递增等其他形式。可以根据客户的实际情况，针对性地制定个性化的贷款方案。

下面是一个制定房贷个性化方案的例子，需要计算高次方。

以 20 万元 20 年期的住房贷款为例，假定在申请贷款时确定的年利率为 6.12%，客户还贷能力呈递增趋势，主要变化可分为三个阶段，贷款方案如下表

日期	每月末还款金额（元）
第 1～5 年（第一阶段）	1 000
第 6～10 年（第二阶段）	1 500
第 11～20 年（第三阶段）	x

试确定 x

按还款额折现值之和等于贷款额的原理，得

$$200\,000 = \frac{1\,000}{1+\dfrac{6.12\%}{12}} + \frac{1\,000}{\left(1+\dfrac{6.12\%}{12}\right)^{2}} + \cdots + \frac{1\,000}{\left(1+\dfrac{6.12\%}{12}\right)^{60}}$$

$$+\frac{1\,500}{\left(1+\dfrac{6.12\%}{12}\right)^{61}}+\frac{1\,500}{\left(1+\dfrac{6.12\%}{12}\right)^{62}}+\cdots+\frac{1\,500}{\left(1+\dfrac{6.12\%}{12}\right)^{120}}$$

$$+\frac{x}{1+\dfrac{6.12\%}{12}}+\frac{x}{\left(1+\dfrac{6.12\%}{12}\right)^{2}}+\cdots+\frac{x}{\left(1+\dfrac{6.12\%}{12}\right)^{60}}$$

式中，x 可以利用 Excel 求得。

为了方便，设第一、二和三阶段还款金额折现值之和分别为 I_1、I_2 和 I_3，则 I_1 可改写为

$$1\,000\times\left(\frac{1}{1+\dfrac{6.12\%}{12}}+\frac{1}{\left(1+\dfrac{6.12\%}{12}\right)^{2}}+\cdots+\frac{1}{\left(1+\dfrac{6.12\%}{12}\right)^{60}}\right)$$

上式括号内式子为一等比数列，按等比数列求和公式得

$$1\,000\times\frac{1-\dfrac{1}{\left(1+\dfrac{6.12\%}{12}\right)^{60}}}{\dfrac{6.12\%}{12}}$$

在一张工作表上输入公式如图 15-1 所示。

A1 单元格中 "=(1-1/(1+6.12%/12)^60)/(6.12%/12)" 为繁分数

$$\frac{1-\dfrac{1}{\left(1+\dfrac{6.12\%}{12}\right)^{60}}}{\dfrac{6.12\%}{12}}$$

的计算公式。

计算结果如图 15-2 所示。

"＾"表示乘方

	A
1	=(1-1/(1+6.12%/12)^60)/(6.12%/12)
2	
3	

	A
1	51.576569
2	
3	

图 15-1　示例繁分式计算公式　　　　　图 15-2　示例繁分式计算结果

故 I_1=1 000 × 51.576569。

$$I_2=1\,500\times\left(\frac{1}{\left(1+\dfrac{6.12\%}{12}\right)^{61}}+\frac{1}{\left(1+\dfrac{6.12\%}{12}\right)^{62}}+\cdots+\frac{1}{\left(1+\dfrac{6.12\%}{12}\right)^{120}}\right)$$

$$=1\,500\times\left(\frac{1}{1+\dfrac{6.12\%}{12}}+\frac{1}{\left(1+\dfrac{6.12\%}{12}\right)^{2}}+\cdots+\frac{1}{\left(1+\dfrac{6.12\%}{12}\right)^{120}}\right)$$

$$-1\,500 \times \left(\frac{1}{1+\dfrac{6.12\%}{12}} + \frac{1}{\left(1+\dfrac{6.12\%}{12}\right)^2} + \cdots + \frac{1}{\left(1+\dfrac{6.12\%}{12}\right)^{60}} \right)$$

$=1\,500 \times$（$89.586411 - 51.576569$）（括号内 89.586411 只需将图 15-1 的 A1 单元格公式中的期数 60 改为 120 即得，而 51.576569 前已计算）。

与 I_2 的计算完全类似地，可得 $I_3 = x \cdot$（$138.241625 - 89.586411$）。于是，得

$200\,000 = 1\,000 \times 51.576569 + 1\,500 \times (89.586411 - 51.576569) + x \cdot$（$138.241625 - 89.586411$）

解之，$x = 1\,878.70$（元）

从示例可以看出，完全可以按照客户的实际情况方便地"量身定制"个性化的贷款方案。为更方便地进行这一工作，可以利用计算模板，如图 15-3、图 15-4 所示。

	A	B	C	D
1	贷款额（元）	日期	每月末还款金额（元）	计算系数
2	200000	第1~5年（第一阶段）	1000	=(1-1/(1+6.12%/12)^60)/(6.12%/12)
3		第6~10年（第二阶段）	1500	=(1-1/(1+6.12%/12)^120)/(6.12%/12)
4		第11~20年（第三阶段）	=(A2-C2*D2-C3*(D3-D2))/(D4-D3)	=(1-1/(1+6.12%/12)^240)/(6.12%/12)
5				

图 15-3　示例模板设计

	A	B	C	D
1	贷款额（元）	日期	每月末还款金额（元）	计算系数
2	200000	第1~5年（第一阶段）	1000	51.576569
3		第6~10年（第二阶段）	1500	89.586411
4		第11~20年（第三阶段）	1878.702429	138.241625
5				
6				

图 15-4　示例计算结果

在此模板上略加修改，即可形成其他个性化贷款方案。

15.2　数 据 估 值

我们以内含报酬率的计算说明如何利用 Excel 进行数据估值。

内含报酬率反映了投资项目的真实报酬，广泛应用于投资项目的评价。遗憾的是，内含报酬率是一个高次方程的解，一般得不到准确值，在实际应用中不得不以一个估计值代替。从"准确"的概念出发，如果某一指标不能得到其准确值而要用一个估计值代替的话，那么，估计值与准确值之间的误差应限定在一个允许的范围内，即估计值应达到要求的精确度。

下面的方法可以按要求的精确度确定内含报酬率。

由于净现值 NPV(r) 随着报酬率 r 的增大而递减，并且，可以确定出 r_1 和 r_2，使 NPV(r_1) > 0，NPV(r_2) < 0，所以，存在 $r_0(r_1 < r_0 < r_2 =$，使 NPV(r_0) = 0，r_0 即内含报酬率，如

图 15-5 所示。

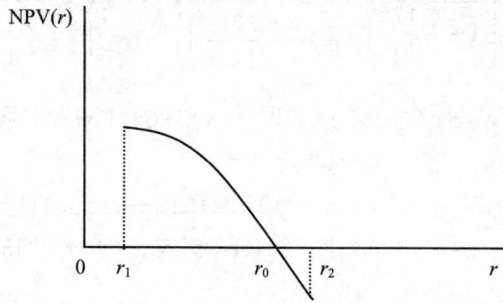

图 15-5　内含报酬率示意图

从图 15-5 上可以看出，在 $r_1 < r_0 < r_2$、NPV（r_1）> 0 和 NPV（r_2）< 0 的前提下，分别调大 r_1、调小 r_2 向 r_0 靠近，总可以使

$$\frac{r_2 - r_1}{2} \leqslant \varepsilon$$

式中，ε 为事先给定的内含报酬率估计值与准确值之间的允许误差。

当 r_1 与 r_2 调整到

$$\frac{r_2 - r_1}{2} \leqslant \varepsilon$$

时，取估计值

$$r = \frac{r_2 + r_1}{2}$$

那么

$$|r_0 - r| < \frac{r_2 - r_1}{2} \leqslant \varepsilon$$

即内含报酬率估计值 r 与准确值 r_0 之间的误差不超过事先给定的允许误差 ε。

事实上，当

$$\frac{r_2 - r_1}{2} \leqslant \varepsilon$$

时，由于 $r_1 < r_0 < r_2$ 可以改写为

$$\frac{r_1 + r_2}{2} - \frac{r_2 - r_1}{2} < r_0 < \frac{r_1 + r_2}{2} + \frac{r_2 - r_1}{2}$$

即

$$r - \frac{r_2 - r_1}{2} < r_0 < r + \frac{r_2 - r_1}{2}$$

故

$$|r_0 - r| < \frac{r_2 - r_1}{2} \leqslant \varepsilon$$

采用上面方法确定的内含报酬率的估计值

$$r \left(= \frac{r_1 + r_2}{2} \right)$$

与准确值 r_0 的误差即限定在事先给定的范围 ε 内：

$$|r-r_0|<\varepsilon$$

在通常的情况下，调整 r_1 和 r_2 是一件非常麻烦的事，利用 Excel 却可以很容易地做到。下面举例说明。

设某投资方案初始投资额为 50 000 元，项目使用年限为 5 年，第 1、2、3、4 和 5 年的现金净流量分别为 8 000 元、12 030 元、13 900 元、15 000 元和 25 000 元。试确定该方案的内含报酬率（误差不超过 0.0001）。

第一步，选取不同的报酬率 r，如从 0.10 两端每隔 0.01 取若干数，计算出相应的净现值 $NPV(r)$，确定满足 $NPV(r_1)>0$ 和 $NPV(r_2)<0$，并且最接近的 r_1 和 r_2。如果对所取的所有 r，都有 $NPV(r)>0$ 或 $NPV(r)<0$，那么，就增大或缩小 r，直到求出满足条件的 r_1 和 r_2。

选定一张工作表，在 A1：A10 区域分别输入 0.0700、0.0800、…、0.1600，在 B1：B10 区域对应输入 NPV 函数，如图 15-6 所示。

计算结果如图 15-7 所示（图中括号中的数表示负数）。

	A	B
1	0.07	=NPV(A1,8000,12030,13900,15000,25000)-50000
2	0.08	=NPV(A2,8000,12030,13900,15000,25000)-50000
3	0.09	=NPV(A3,8000,12030,13900,15000,25000)-50000
4	0.1	=NPV(A4,8000,12030,13900,15000,25000)-50000
5	0.11	=NPV(A5,8000,12030,13900,15000,25000)-50000
6	0.12	=NPV(A6,8000,12030,13900,15000,25000)-50000
7	0.13	=NPV(A7,8000,12030,13900,15000,25000)-50000
8	0.14	=NPV(A8,8000,12030,13900,15000,25000)-50000
9	0.15	=NPV(A9,8000,12030,13900,15000,25000)-50000
10	0.16	=NPV(A10,8000,12030,13900,15000,25000)-50000

图 15-6　确定内含报酬率函数设置

	A	B	C	D	E	F
1	0.07	8598.73	0.121	198.23	0.1221	37.21
2	0.08	6795.49	0.122	51.81	0.1222	22.60
3	0.09	5072.87	0.123	(93.97)	0.1223	8.01
4	0.1	3426.39	0.124	(239.12)	0.1224	(6.58)
5	0.11	1851.83	0.125	(383.64)	0.1225	(21.16)
6	0.12	345.29	0.126	(527.53)	0.1226	(35.73)
7	0.13	(1096.92)	0.127	(670.81)	0.1227	(50.30)
8	0.14	(2478.24)	0.128	(813.46)	0.1228	(64.86)
9	0.15	(3801.88)	0.129	(955.50)	0.1229	(79.42)
10	0.16	(5070.87)	0.13	(1096.92)	0.123	(93.97)

图 15-7　确定内含报酬率计算结果

从图 15-7 中可以看出，满足 $NPV(r_1)>0$ 和 $NPV(r_2)<0$，并且最接近的 r_1 和 r_2 为：$r_1=0.1200$，$r_2=0.1300$。

这时，如果取内含报酬率的估计值为

$$r=\frac{r_1+r_2}{2}=\frac{0.1200+0.1300}{2}=0.125$$

那么，估计值 r 与准确值 r_0 的误差

$$|r_0-r|<\frac{r_2-r_1}{2}=\frac{0.1300-0.1200}{2}=0.005\geqslant0.0001=\varepsilon$$

显然，误差值 0.005 不符合题设不超过 0.0001 的要求，需要调大 r_1、调小 r_2 向 r_0 靠近，缩小误差值。

第二步，从 0.1200 起，每隔 0.001 取一个数，直到 0.1300，再次确定满足 $NPV(r_1)>0$ 和 $NPV(r_2)<0$，并且最接近的 r_1 和 r_2。

类似第一步计算出各净现值，如前面图 15-7 中的 C 和 D 列。注意，在 D1：D10 区域中输入的函数应对应 C1：C10 区域单元格报酬率数据。如在 D1 单元格应输入
"=NPV(C1,8000,12030,13900,15000,25000)-50000"
满足条件的 r_1 和 r_2 为：$r_1=0.1220$，$r_2=0.1230$。

这时，若取内含报酬率的估计值为

$$r=\frac{r_1+r_2}{2}=\frac{0.1220+0.1230}{2}=0.1225$$

容易计算仍达不到所要求的精确度。

第三步，继续调大 r_1、调小 r_2 向 r_0 靠近，从 0.1220 起，每隔 0.0001 取一个数，直到 0.1230，进一步确定满足 $NPV(r_1) > 0$ 和 $NPV(r_2) < 0$，并且最接近的 r_1 和 r_2。

对应报酬率的净现值计算见前面图 15-7 中的 E 和 F 列，满足条件的 r_1 和 r_2 为：r_1=0.1223，r_2=0.1224。

取内含报酬率估计值为

$$r = \frac{r_1 + r_2}{2} = \frac{0.1223 + 0.1224}{2} = 0.12235$$

则内含报酬率 r_0 与其估计值 r 的误差

$$|r_0 - r| < \frac{r_2 - r_1}{2} = \frac{0.1224 - 0.1223}{2} = 0.00005 \leqslant 0.0001 = \varepsilon$$

即 r=0.12235 为所求。

在第二和第三步的调整中，调大 r_1、调小 r_2 向 r_0 靠近，是将上一步确定的范围[r_1，r_2]细分成十等分取值。这样，一步一步地缩小由满足条件 $NPV(r_1)>0$ 和 $NPV(r_2)<0$，并且最接近的 r_1 和 r_2 决定的范围[r_1，r_2]，最终总能使

$$\frac{r_2 - r_1}{2} \leqslant \varepsilon$$

示例中，第一步确定的范围[0.1200，0.1300]，第二步确定的范围缩小为[0.1220，0.1230]，第三步进一步缩小为[0.1223，0.1224]，达到所要求的精确度。

15.3　动态图形设计

下面以一个灵敏度分析的示例介绍如何设计动态图形，让数据管理工作"形象化"。

有一些数据存在着不确定性，如未来某年度的现金流量、销售数量等预测。一般来说，预测某个指标是 2 000，不可能刚好就是 2 000。但是，我们可以给出一个预测数据的变动范围，如上下波动 5%或 10%，相信指标在某个范围内，可以判断最好是什么情况，最差是什么情况。

当然，如果能提供一个相对连续的指标变动情况，以供分析那更好。如设变动范围为 10%，先观察波动 1%的情况做一个分析，再观察 2%、3%的情况，直到 10%，这就是灵敏度分析。在手工环境下，这一工作量一般是很大的，但在计算机环境下就比较轻松了。下面在 Excel 上通过一个示例说明。

设某产品固定成本为 270 000 元，单位变动成本为 1.55 元，单价为 2.7 元。预计销售数量为 250 000 件，假定每次增（减）数量为 50 000 件，在一张工作表上设计公式和录入基本数据，如图 15-8 所示。

图中数据之间的关系为，销售收入 = 销售数量 × 单价，成本 = 固定成本 + 销售数量 × 单位变动成本，利润 = 销售收入 − 成本，计算结果如图 15-9 所示。

从图 15-9 中可以看出，达到预计销售数量 250 000 件实现盈利，但减少一个 50 000 即亏损。如果认为每次增（减）数量为 50 000 件分析不够详细的话，可以将每次增（减）数量改为 5 000，甚或 500，直到满意为止。

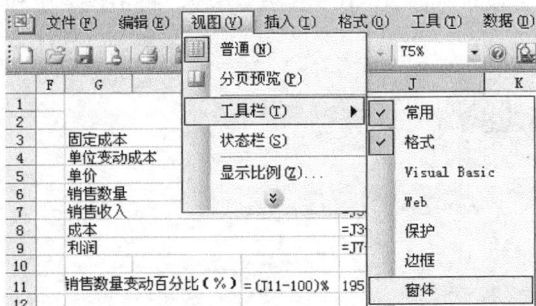

図15-8の表

	A	B	C	D	E
1			销售灵敏度分析示例		
2					
3		固定成本			270000
4		单位变动成本			1.55
5		单价			2.7
6					
7		销售数量	销售收入	成本	利润
8		0	=$E$5*B8	=$E$3+$E$4*B8	=C8-D8
9		50000	=$E$5*B9	=$E$3+$E$4*B9	=C9-D9
10		100000	=$E$5*B10	=$E$3+$E$4*B10	=C10-D10
11		150000	=$E$5*B11	=$E$3+$E$4*B11	=C11-D11
12		200000	=$E$5*B12	=$E$3+$E$4*B12	=C12-D12
13		250000	=$E$5*B13	=$E$3+$E$4*B13	=C13-D13
14		300000	=$E$5*B14	=$E$3+$E$4*B14	=C14-D14
15		350000	=$E$5*B15	=$E$3+$E$4*B15	=C15-D15
16		400000	=$E$5*B16	=$E$3+$E$4*B16	=C16-D16
17		450000	=$E$5*B17	=$E$3+$E$4*B17	=C17-D17
18		500000	=$E$5*B18	=$E$3+$E$4*B18	=C18-D18

图15-8　灵敏度分析示例基本数据及公式设置

図15-9の表

	A	B	C	D	E
1			销售灵敏度分析示例		
2					
3		固定成本			270000
4		单位变动成本			1.55
5		单价			2.7
6					
7		销售数量	销售收入	成本	利润
8		0	0	270000	-270000
9		50000	135000	347500	-212500
10		100000	270000	425000	-155000
11		150000	405000	502500	-97500
12		200000	540000	580000	-40000
13		250000	675000	657500	17500
14		300000	810000	735000	75000
15		350000	945000	812500	132500
16		400000	1080000	890000	190000
17		450000	1215000	967500	247500
18		500000	1350000	1045000	305000

图15-9　灵敏度分析示例计算结果

可以将灵敏度分析做成动态的，直观而生动。接上例，在一张工作表上设计公式和录入基本数据，如图15-10所示。

注意图15-10中 I11 单元格公式计算销售数量变动百分比（%），受 J11 值变动的影响。而 J6 单元格公式计算销售数量，又受 I11 值变动的影响。J7、J8 值因 J6 而变，J9 值又因 J7、J8 值而变。从数据变动链条可以看到，J11 值决定了所有数据的变动。下面我们设置一个"滚动条"控件来控制 J11 值，其安装步骤如下。

図15-10の表

	G	H	I	J
1			销售灵敏度分析示例	
2				
3	固定成本			270000
4	单位变动成本			1.55
5	单价			2.7
6	销售数量			=250000+250000*I11
7	销售收入			=J5*J6
8	成本			=J3+J4*J6
9	利润			=J7-J8
10				
11	销售数量变动百分比（%）		=(J11-100)%	

图15-10　灵敏度动态分析示例基本数据及公式设置

（1）选择"视图"→"工具栏"→"窗体"，弹出带滚动条等控件的窗体，如图15-11、图15-12所示。

図15-11の図中の表

	F	G	J	K
1				
2				
3		固定成本		
4		单位变动成本		
5		单价		
6		销售数量		
7		销售收入		
8		成本	=J3	
9		利润	=J7	
10				
11		销售数量变动百分比（%）	=(J11-100)% 195	
12				

图15-11　选择"视图"→"工具栏"→"窗体"

图15-12　带滚动条等控件的窗体

（2）在窗体上单击滚动条后，将光标移开窗体，显现小"+"字。

（3）在工作表上选择合适的起始点（示例选在"销售数量变动百分比（%）"下方），按下鼠标左键。

（4）拖动鼠标，直到出现的滚动条大小合适。

（5）释放鼠标键。

完成以上步骤后，工作表上就出现了一个滚动条，如图15-13所示。

（6）右击滚动条，弹出一个菜单，在菜单中选择"设置控件格式"项，如图15-14所示。

（7）在弹出的"设置控件格式"对话框中，选择"控制"选项卡。各栏选择如下。

図 15-13　滚动条位置

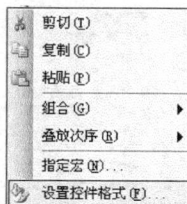

図 15-14　设置"滚动条"控件格式菜单

单元格链接栏填$J$11。

最小值栏设为 0，此时 I11 单元格值为−100%，也就是 J6 销售数量比预计数少百分之百，即销售数量为 0。

最大值栏设为 200，此时 I11 单元格值为 100%，也就是 J6 销售数量比预计数多百分之百，即销售数量翻一番。

步长栏设为 20，当单击一次滚动条左右箭头时，链接单元格$J$11 值增加或减少 20，相应引起 I11 单元格值增加或减少 20%。

页步长设为 0，当拉动滚动条控件中间的滚动按钮时，链接单元格$J$11 值以 1 为单位增加或减少 1。

完成以上设置后，单击"确定"按钮，如图 15-15 所示。

现在只要单击滚动条左右箭头或拉动滚动按钮，即可动态地看到因销售数量变动引起的利润变动情况。

进一步可以再将变动数据与图形链接起来，这样更加生动而直观。其步骤如下。

先在前面安装滚动条的同一张工作表上设计如图 15-16 所示的格式，将销售数量和利润项目集中在一起，以便形成图形。

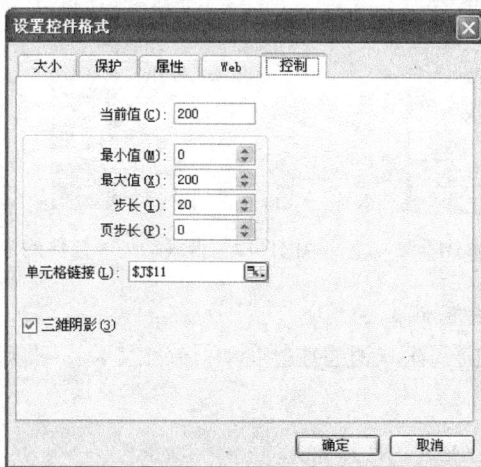

图 15-15　"滚动条"控件格式选项设置

图 15-16　集中变量项目

然后，按 1.2 节例 1.3 的步骤形成图形，如图 15-17 所示（数据区域为 L6：M7，图表类型选柱形图）。

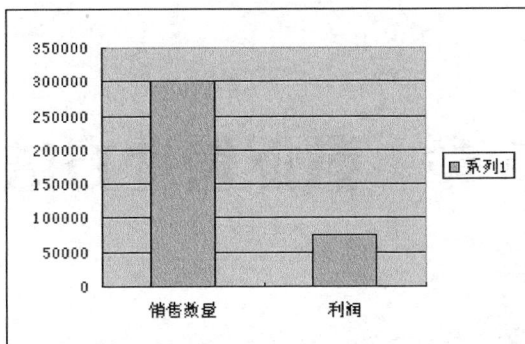

图 15-17　动态图形示例

由于图形与变动单元格 J6、J9 的数据链接，故单击滚动条图形即会随之动起来。

本章小结

在数据管理中，利用 Excel 的计算和形成图表能力可以帮助我们完成特殊的任务，如本章介绍的计算高次方、形成动态图形等。这些任务在手工环境下要完成都是比较困难的，而在计算机环境下就变得如此轻松，甚至有一种快乐的感觉。本书快要结束了，距离我们"高效、快乐地管理数据"的目标也越来越近了。

思考与练习题

1. 设债券的投资成本为 84 400 元，到期价值为 128 000 元，债券期限为 5 年，试用 Excel 计算实际利率

$$\sqrt[5]{\frac{128\,000}{84\,400}}-1$$

2. 设某投资方案初始投资额为 350 000 元，项目使用 8 年，各年现金净流量如下表。

年	1	2	3	4	5	6	7	8
现金流量	55 000	48 000	53 000	59 700	42 000	45 000	39 600	35 000

用 NPV 函数计算净现值（假定折现率为 6%）。

3. 修改灵敏度分析动态图形的设计，观察变动情况。

（1）将图表类型选项的"柱形图"改成"折线图"。

（2）将图 15-14 "滚动条"控件选项的最小值设为 100，最大值设为 120，步长栏设为 5，页步长设为 0。

第16章 数据管理方法演示

本章要点：

- 全程分期模式下现金流量表数据的生成；
- 增减与借贷两种记账法的数据自动转换方式。

应用计算机技术管理会计信息，可以采用多种方式。例如，利用电子表格软件 Excel，或设计专门的会计信息管理软件，或在大型信息管理系统中将会计信息管理作为一个子系统等。

但是，不论哪种方式，应用计算机技术解决会计信息管理问题的原理是相同的。如第 7 章解决工业企业成本核算分步法的成本还原问题，只要是在计算机环境下就可以将综合结转和分项结转同时进行。这样，在探索应用计算机技术解决会计信息管理问题时，我们可以利用 Excel 作一个方法上的演示，以阐述其原理。本章结合涉及会计基本假设和会计方法的两个问题，对此作进一步的介绍。

16.1 多种会计分期模式的实现

会计分期是会计的一个基本假设，一般均采用按年度分期的方式。但是，这种分期方式存在缺陷，在计算机环境下完全可以采用多种分期方式，以提供更全面及时的会计信息。

1．定期—阶段分期模式

会计分期方式一般是将会计主体持续不断的经营活动分割成一个个首尾相接、等间距的会计期间，如图 16-1 所示。

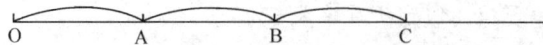

图 16-1　定期—阶段分期模型

图 16-1 中的 O 是始点，表示企业设立，OA、AB、…为企业经营活动期间，且 OA=AB=… 这一模型的特点是定期（在 A、B、…点）提供分阶段（OA、AB、…）的会计信息，故称为定期—阶段分期模型。与之对应地，将按该模型进行会计分期的方式称为定期—阶段分期模式。

会计分期采用定期—阶段分期模式有其实际的理由。例如，股东要求提供一年一度的会计报告，而税收也是基于这些年度报告。

但是，定期—阶段分期模式存在两个缺陷。一是定期即意味着报告会计信息的时间有一个固定的时间间隔，因而所反映的信息就可能不及时；二是用分阶段的方式，反映的只是企业局部的经营成果信息，不能体现企业从设立至今经营全过程的状况，有片面性。

2．实时分期模式

实时分期模型是针对定期—阶段分期模型"定期"反映导致信息不及时的缺陷而提出的，如图 16-2 所示。

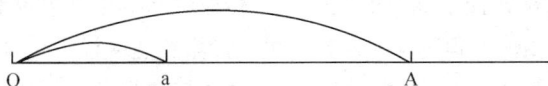

图 16-2　实时分期模型

在图 16-2 中，假定 OA 是定期—阶段分期模型的一个分期段，定期—阶段分期模型要求在 A 点才提供会计报告。实时分期模型则是设 a 是 OA 段上任一点，在任意点 a 提供 Oa 经营阶段会计报告。由于实时分期模型反映的信息是连续的、实时的，因此称为实时分期模型（对应该模型的会计分期方式称为实时分期模式）。

实时分期模式反映信息是连续的、实时的，克服了定期—阶段分期模式定期导致信息反映不及时的缺陷。如果将两者作一个形象的比较，犹如一根电线上有一串灯，定期—阶段分期模式是每隔若干个灯才亮一下，而实时分期模式是一个一个灯接着闪亮（如果需要的话，企业可以使每个灯亮的间隔时间按所需信息的及时性尽可能地短）。

随着网络经济的发展，人们对会计信息的及时性要求越来越高。电子技术的运用，使得网上交易可在瞬间完成，资金也可即时划拨，再加上"网上实体"的一切交易都在网络上进行，交易结束后，实体有可能解散。这就要求会计必须提供及时的、最新的信息，会计的报告期必须尽可能地缩短。同样，从证券市场的发展来看，投资者往往需要更迅速、更及时地去了解企业的经营状况，以便对股票价值的变化做出快速而具体的反应。每年一次的中期报告和年度报告的公布，已经不能满足投资者对信息的需求。

在实时分期模式下，时时刻刻都可以成为结算期间，可以随时编制报表反映企业的经营状况和财务成果，在市场变化的高度不确定及竞争加剧的环境下，提供高时效性的会计信息。会计信息犹如"连续闪烁的灯"，投资者、经营者可以随时获得实时报告信息，掌握企业经营活动现状，而不必再等待已成为历史信息的会计报告。

3．全程分期模式

全程分期模型针对定期—阶段分期模型"分阶段"反映导致信息不全面的缺陷提出，如图 16-3 所示。

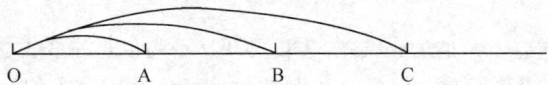

图 16-3　全程分期模型

图 16-3 中的 O 是始点，表示企业设立，A、B…是企业经营期间的点。全程分期模型不是在 A、B…报告 OA、AB…阶段的信息，而是报告 OA、OB…的信息。全程分期模型所有报告期间始点相同，均为 O 点。并且，当前报告会计期间信息涵盖前期经营信息，如 OB 期间信息涵盖 OA 信息。全程分期模型的特点是报告企业从设立至今全过程的经营信息，因此称为全程分期模型（对应该模型的会计分期方式称为全程分期模式）。

定期—阶段分期模式人为地切断了经营活动，所提供的信息是"局部"的。全程分期模式所描述的经营状况是企业从设立至今全过程经营的连续表现，是全面、整体的，它的意义主要体现在以下几个方面。

第一，从定期—阶段分期模式"分阶段"反映的信息可以看到企业前期经营阶段的情况怎样，现阶段情况又怎样，便于通过比较来分析企业经营的未来发展趋势；而全程分期模式从企业经营全过程的"整体"角度反映信息，可以考察企业从设立至今总的来说是盈还是亏，有利于对企业的整体价值评估。定期—阶段分期模式与全程分期模式，一个阶段评估，一个整体评估，两者提供的信息可以互相补充相得益彰。在证券市场上，上市公司一般按定期—阶段分期模式提供年度会计报告。若证券管理咨询机构能对年度会计报告进行综合整理，发布全程分期模式会计报告对投资者更加全面地了解上市公司经营状况，对其做出正确评估和决策无疑是有帮助的。

第二，可在一定程度上防范人为调账。定期—阶段分期模式分阶段反映信息，人们可以通过人为调账来粉饰某阶段的经营成果。在全程分期模式下却可以较好避免这一现象，因为全程分期模式不是看某一阶段而是经营全过程，人为在各个会计期间之间调账没有实际的意义。特别是在证券市场上，容易出现上市公司钻会计政策的漏洞人为调账的现象，全程分期模式在机制上有一定防范作用。

第三，可以现金流量更真实地反映企业经营成果。定期—阶段分期模式一般是按权责发生制确认企业的收入和费用，而在全程分期模式下，有理由采用收付实现制以现金流量来衡量企业的经营成果。因为相对定期—阶段分期模式的每一阶段来说，企业经营全过程是一个较长的时间，可以收到（付出）的现金一般均已收到（付出）了。按权责发生制确认企业的收入和费用可能最终并没有以现金的方式实现，从这一意义上讲，以现金流量反映的企业经营成果比按权责发生制确认的收入和费用较少"水分"，因而更加真实。

4．复合分期模式

复合分期模型针对单一定期—阶段分期模型、实时分期模型或全程分期模型提出，为三种模型的组合。如图 16-4 所示即为一种复合分期模型。

图 16-4　复合分期模型示例

图 16-4 中的 O 是始点，表示企业设立，OC、CF … 为企业经营活动期间，且 OC=CF=…，属于按定期—阶段分期模型分期。但在每一阶段内，又按全程分期模型分为三个期间。如 OC 阶段，分为 OA、OB 和 OC（这里假定 OA=AB=BC）。

需要说明的是，每一阶段内的分期严格讲不属于全程分期模型，因为每一阶段的起点并不都是企业设立的始点，如 CF 阶段的起点 C。但可以将每一阶段的起点看成该阶段经营的“始点”，进行一个阶段内的“全程”分期。

定期—阶段分期模式、实时分期模式和全程分期模式各有长处和不足，复合分期模式可以通过“组合”扬长避短。

例如图 16-4 所示模型，按年（OC、CF…表示一年）划期采用定期—阶段分期模式，以满足税收要求，但是在一年内的各个季度末（如 A、B…点）为更加全面反映信息采用全程分期模型。

5．多种分期的实现

有的分期模式提出了较高的数据处理能力要求。如实时分期模式，往往要求数据处理能在瞬间完成；而全程分期模式涉及企业从设立至今较大数据的处理。也可能企业同时需要多种分期产生的信息，这就加大了数据处理量。因而企业应充分利用计算机及其网络，提高数据处理能力。例如，应用第 4 章介绍的多表操作技术即可容易地实现现金流量表的合并工作，据定期—阶段分期数据得出全程分期数据。下面举例作一个演示。

假定需要合并某企业 2001～2007 年度的现金流量表。

选择一张工作表，命名为 2001 年，该表数据格式设计及数据如图 16-5 所示。

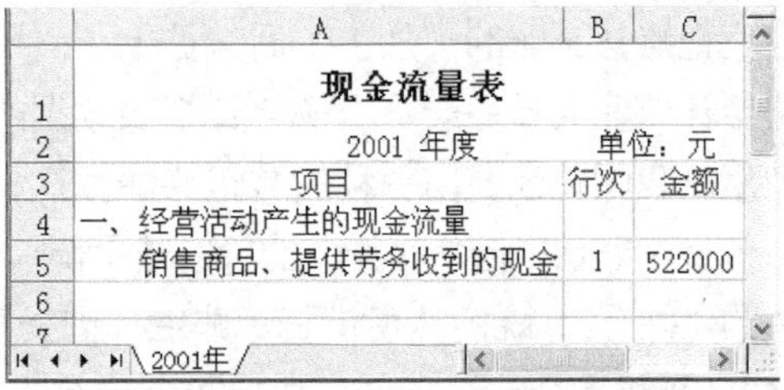

	A	B	C
1	现金流量表		
2	2001 年度		单位：元
3	项目	行次	金额
4	一、经营活动产生的现金流量		
5	销售商品、提供劳务收到的现金	1	522000
6			
7			

图 16-5　2001 年现金流量表格式及数据

图 16-5 中的现金流量表仅提供了“销售商品、提供劳务收到的现金”数据。

类似地设计其他年度的现金流量表格式，并设各年“销售商品、提供劳务收到的现金”数据如下表所示。

年度	销售商品、提供劳务收到的现金（元）
2001	522 000
2002	492 000
2003	520 000
2004	576 000
2005	602 000
2006	582 000
2007	710 000

再选择一张工作表，命名为合并表，格式设计及计算结果如图 16-6、图 16-7 所示。

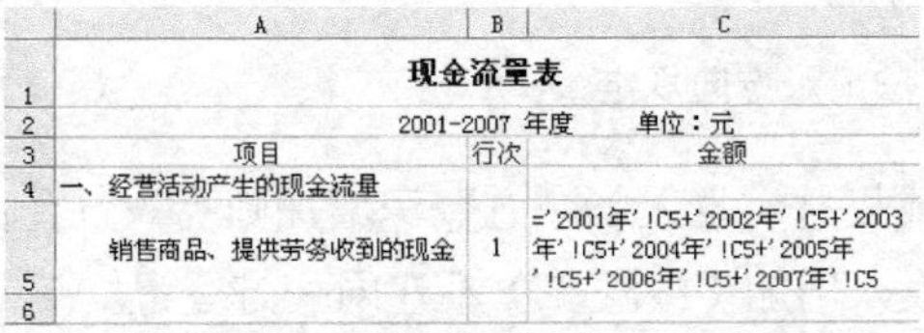

	A	B	C
1	现金流量表		
2	2001-2007 年度		单位：元
3	项目	行次	金额
4	一、经营活动产生的现金流量		
5	销售商品、提供劳务收到的现金	1	='2001年'!C5+'2002年'!C5+'2003年'!C5+'2004年'!C5+'2005年'!C5+'2006年'!C5+'2007年'!C5
6			

图 16-6　合并现金流量表格式

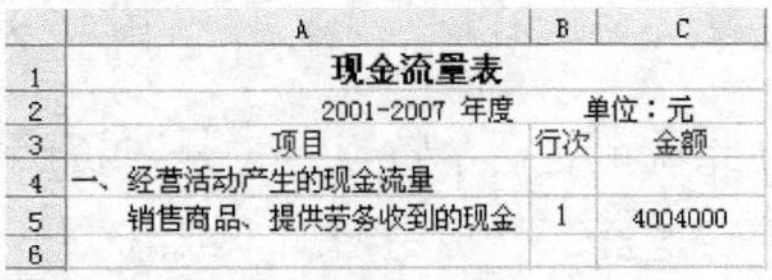

	A	B	C
1	现金流量表		
2	2001-2007 年度		单位：元
3	项目	行次	金额
4	一、经营活动产生的现金流量		
5	销售商品、提供劳务收到的现金	1	4004000
6			

图 16-7　合并现金流量表计算结果

16.2 增减与借贷记账方法转换

会计信息是一个关于资金的信息流，从原始凭证输入，经过特殊的"加工"程序（如按借贷记账法记账），最后以会计报表的方式输出，如图 16-8 所示。

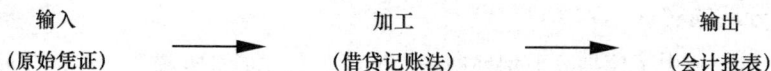

输入 → 加工 → 输出
（原始凭证）（借贷记账法）（会计报表）

图 16-8　会计信息流

借贷记账法是国际上通用的一种会计记账方法。但是，借贷记账法由于"借"与"贷"意义的抽象性，以及特殊记账方向的规定，导致非会计专业人员较难理解。会计信息经过按借贷记账法记的"加工"后，披上了一层神秘的面纱，会计信息"加工"成为一个黑箱，非会计专业人员一般不了解会计报表数据的产生过程，显然这不利于会计信息广泛、充分的利用。我国曾经提出一种增减记账法，这种记账方法具有"通俗易懂"的特点，但不存在类似借贷记账法"借贷平衡"的"增减平衡"。在计算机环境下可以实现借贷记账法与增减记账法的"并存"，既能体现借贷记账法"借贷平衡"的科学性，又能如增减记账法一样"通俗易懂"，兼顾了会计记账科学性与非会计专业人员更多了解会计信息两方面的愿望。

1."改进"的增减记账法

先分析一下借贷记账法与增减记账法。

借贷记账法的基本内容如下。

会计等式：资产=权益。

账户分类：账户按会计要素分成资产、权益（包括负债和所有者权益）、收入和费用类。

账户结构：账户分为左、右两方，左方为借方，右方为贷方。

记账方向：规定资产、费用类账户增加记在"借"方，减少记在"贷"方；权益、收入类账户增加记在"贷"方，减少记在"借"方，如图 16-9 所示。

借	贷
资产、费用增加	权益、收入增加
权益、收入减少	资产、费用减少

图 16-9　借贷记账法记账方向规定

此规定有两个特点：一是对资产、费用（或权益、收入）一方登记增加则另一方登记减少；二是资产、费用增加（或减少）与权益、收入增加（或减少）不在同一方登记。

借贷记账法记账方向规定的一个重要意义，在于形成了"有借必有贷，借贷必相等"的记账规则，这一规则体现出"借贷平衡"的思想，可以方便地用"借"与"贷"是否平衡来检查记账的正确性。

增减记账法的基本内容如下。

会计等式：资金占用=资金来源。

账户分类：账户按资金占用和资金来源分类。

账户结构：账户分为左、右两方，左方为增方，右方为减方。

记账方向：不区分账户的类别，对所有账户增加记在"增"方，减少记在"减"方，如图 16-10 所示。

增	减
资金占用增加 资金来源增加	资金占用减少 资金来源减少

图 16-10　增减记账法记账方向规定

增减记账法记账方向的规定与借贷记账法相比较，仍然是一方登记增加另一方登记减少，但所有账户增加（或减少）记在同一方。

增减记账法的特点是增加即记"增"，减少即记"减"，使记账工作显得"通俗易懂"。但是，增减记账法不再存在类似借贷记账法的"增减平衡"，会计人员不能应用"平衡检查"发现记账中的错误。

值得注意的是，借贷记账法与增减记账法在分类反映会计信息这一基本点上是一致的（分类标准不同，借贷记账法按会计要素分类，增减记账法按资金占用和资金来源分类），形成各自的特点主要在记账方向的规定上。如果采用借贷记账法的会计等式、账户分类，采用增减记账法的账户结构以及记账方向的规定，即将借贷记账法账户结构的"借"方换成"增"方，"贷"方换成"减"方，关于记账方向的规定改为：资产、费用增加记在增方，权益、收入增加也记在增方；资产、费用减少记在减方，权益、收入减少也记在减方，如图 16-11 所示。

增	减
资产、费用增加 权益、收入增加	资产、费用减少 权益、收入减少

图 16-11　"改进"的增减记账法记账方向规定

这样就形成了一种新的记账方法。由于它采用的是增减记账法记账方向的规定，因而具有增减记账法"增加即记'增'，减少即记'减'"通俗易懂的特点（不存在"增减平衡"关系）。这一记账方法是借贷记账法与增减记账法"嫁接"的产物，但实质上仍然是一种增减记账法（称为改进的增减记账法），它的意义是在计算机上可以很容易地与借贷记账法"并存"。

2. 借贷与增减记账法并存的实现

借贷记账法与增减记账法"并存"，是指会计人员仍按借贷记账法记账，让计算机按增减记账法的规则（增加就记在"增"方，减少就记在"减"方）自动生成另一套账。下面在 Excel 上举例演示。

假定某企业向银行借入 3 个月到期的款项 100 000 元，会计记录如图 16-12 所示。

图 16-12 中的"会计科目"、"借方金额"和"贷方金额"按借贷记账法录入，而"增方金额"、"减方金额"和"科目类别"由公式或自定义函数自动生成，公式及自定义函数设置如图 16-13 所示。

	A	B	C	D	E	F
1	会计科目	借方金额	贷方金额	增方金额	减方金额	科目类别
2	银行存款	100000		100000	0	1
3	短期借款		100000	100000	0	0
4						

图 16-12 借贷与增减记账法并存记账示例

	A	B	C	D	E	F
1	会计科目	借方金额	贷方金额	增方金额	减方金额	科目类别
2				=IF(F2=1,B2,C2)	=IF(F2=1,C2,B2)	=zhlb(A2)
3				=IF(F3=1,B3,C3)	=IF(F3=1,C3,B3)	=zhlb(A3)
4						

图 16-13 借贷与增减记账法并存记账示例公式函数设置

为了便于计算机识别，将资产、费用类账户定义为 1，权益、收入类账户定义为 0（特殊账户例外，如"累计折旧"定义为 0，"利润分配"定义为 1），并建立如图 16-14 所示的账户类别工作表。

	A	B	C
1	科目名称	账户类别	
2	银行存款	1	
3	固定资产	1	
4	累计折旧	0	
5	短期借款	0	
6	本年利润	0	
7	利润分配	1	

图 16-14 账户类别工作表

自定义函数 zhlb 的代码如下：

```
Function zhlb(科目名称)
    Found = False
    If 科目名称 = "" Then
      zhlb = ""
    Else
      x = 1
      Do While Not (IsEmpty(Sheets("账户类别").Cells(x, 1).Value))
        x = x + 1
      Loop
      For T = 2 To x - 1
        If 科目名称 = Sheets("账户类别").Cells(T, 1) Then
            Found = True
            Exit For
        End If
      Next T
      If Found Then
        zhlb = Sheets("账户类别").Cells(T, 2)
      Else
        zhlb = "科目名称错"
      End If
    End If
```

```
        End If
    End Function
```

图 16-13 中的公式是按增减记账法的规则设置的。这里所指的增减记账法采用的是借贷记账法的账户分类，增减记账法的记账方向的规定，即"改进的增减记账法"。

可以看出，在计算机上实现借贷记账法与增减记账法的"并存"不存在技术上的问题。这是因为两种记账方法采用了统一的账户分类（均按会计要素分类），只是记账方向上定义不同。在统一分类的前提下，可以由计算机自动生成改变记账方向的另一组数据。

本章小结

本章在计算机环境下重新讨论了会计的两个基本问题——会计分期和记账方法。

多种分期无疑能提供更全面及时的会计信息。

我国曾经在较长时间采用增减记账法记账，最终因在试算平衡等方面不如借贷记账法科学而被淘汰。但是，增减记账法的确有通俗易懂的特点，其发生经济业务"增加记在增方减少记在减方"的操作方法即使是非会计专业人员也一看就明白。如果从专业角度将借贷记账法比作"阳春白雪"，而从通俗角度将增减记账法比作"下里巴人"的话，那么，在计算机环境下可否进行增减与借贷两种记账方法的转换，以实现高雅艺术的大众化。这是一件有趣的工作。或许有人说这有点意想天开，但有了计算机这一"法宝"，为什么不可以将我们的思想放飞呢？

思考与练习题

1. 会计分期的定期—阶段分期模式存在什么问题，在手工环境下能否较好地解决？
2. （1）借贷记账法与改进的增减记账法在记账方向的规定上有什么区别？
   （2）借贷与增减记账法并存记账示例是怎样实现增减与借贷两种记账方法转换的？

第16章 数据管理方法演示

163

参 考 文 献

[1] MARK DODGE CHRIS KIMATA CRAIG STIMSOM THE COBB GROUP. Excel for Windows 95 使用指南[M]. 林峰，万瑞萍译. 北京：清华大学出版社，1996.

[2] 布赖恩·昂德达尔，等. Excel 专家方案[M]. 田学锋，等译. 上海：上海远东出版社，1997.

[3] 卓宗雄. 学用 VBA 提高 Office 效率[M]. 周晓津，改编. 北京：人民邮电出版社，1996.

[4] 杜茂康. Excel 与数据处理[M]. 北京：电子工业出版社，2002.